2026
속회공과

믿음의 사람들

신앙의 그루터기

믿음의 사람들

우리는 지금 인공지능(Artificial Intelligence, AI) 시대에 살고 있습니다. AI는 인간의 창의력과 기술의 가능성을 결합해 지금까지 상상하지 못했던 방식으로 세상을 변화시키고 있습니다. 기존 산업들의 경계를 허물어 새로운 분야를 탄생시키고, 융합적이고 혁신적인 기술을 통해 전혀 다른 차원으로의 확장과 심화를 실현해냅니다. 더욱이 언어 장벽이 허물어지면서 한정적이었던 문화적 경계마저 사라져서, 앞으로 더 다채로운 세상이 눈앞에 펼쳐질 것으로 예상됩니다.

세상이 다양해지고 복잡해질수록 우리는 끊임없이 변화와 선택의 갈림길에 서게 됩니다. 이러한 순간마다 우리를 지탱해 주는 것은 외부의 변화가 아닌, 내면에 자리 잡은 흔들리지 않는 핵심 가치입니다. 핵심 가치는 기준이자 방향성을 의미합니다. 변화하는 세계 속에서 길을 잃지 않으려면 이 가치들을 든든히 붙들어야 합니다. 기준과 방향을 올바로 잡아야 합니다. 그렇다면 신앙인에게 가장 중요한 핵심 가치는 무엇입니까?

성경이 제시하는 **기독교 신앙의 핵심 가치는 믿음, 소망, 사랑**입니다. "예수께서 이르시되 네 마음을 다하고 목숨을 다하고 뜻을 다하여 주 너의 하나님을 사랑하라 하셨으니 이것이 크고 첫째 되는 계명이요 둘째도 그와 같으니

그런즉 믿음, 소망, 사랑,
이 세 가지는 항상 있을 것인데
그 중의 제일은 사랑이라

고린도전서 13장 13절

네 이웃을 네 자신 같이 사랑하라 하셨으니 이 두 계명이 온 율법과 선지자의 강령이니라(마 22:37~40)." 예수님은 하나님을 향한 믿음과 그 믿음에 근거한 하나님에 대한 사랑, 그리고 이 땅의 사람들을 향한 자비와 사랑을 기독교 신앙의 핵심 가치로 가르쳐 주셨습니다. 우리는 바로 이 사랑을 통해 하나님 나라를 소망할 수 있습니다.

그래서 사도 바울은 고린도 교회 교인들에게 이렇게 권면했습니다. "내가 어렸을 때에는 말하는 것이 어린 아이와 같고 깨닫는 것이 어린 아이와 같고 생각하는 것이 어린 아이와 같다가 장성한 사람이 되어서는 어린 아이의 일을 버렸노라 우리가 지금은 거울로 보는 것 같이 희미하나 그 때에는 얼굴과 얼굴을 대하여 볼 것이요 지금은 내가 부분적으로 아나 그 때에는 주께서 나를 아신 것 같이 내가 온전히 알리라 그런즉 믿음, 소망, 사랑, 이 세 가지는 항상 있을 것인데 그 중의 제일은 사랑이라(고전 13:11~13)."

하나님을 향한 사랑은 믿음으로 드러납니다. 하나님 나라를 향한 소망은 삶의 걸음걸이에서 나타납니다. 이웃에 대한 사랑은 구체적인 실천으로 증명됩니다. 이처럼 기독교 신앙의 핵심 가치인 믿음, 소망, 사랑은 그리스도인의 삶으로 꽃피고 열매 맺어야 합니다.

2026년부터 2028년까지 속회공과 3년 과정은 기독교 신앙의 핵심 가치를 소개하고 지켜내는 것에 초점을 맞추었습니다. 총주제는 '**신앙의 그루터기 - 믿음, 소망, 사랑**'입니다. 이 주제 아래 믿음, 소망, 사랑의 삶을 살아낸 성경의 위대한 인물들을 소개하고, 그들이 남긴 신앙의 발자취를 나누며 따라가고자 합니다.

3년 과정의 커리큘럼에서 다루는 주제는 다음과 같습니다.

신앙의 그루터기 - 믿음, 소망, 사랑		
2026년	2027년	2028년
믿음의 사람들	소망의 사람들	사랑의 사람들

3년 과정의 첫해인 2026년 속회공과의 주제는 '믿음의 사람들'입니다. 성경에 기록된 가인과 아벨, 노아, 아브라함과 롯, 엘리에셀, 요셉, 다니엘, 모세, 슬로브핫의 딸들, 룻과 보아스, 기드온, 다윗, 솔로몬, 사르밧 과부, 엘리야, 엘리사, 히스기야, 예레미야, 모르드개와 에스더, 욥, 이사야, 스가랴, 하박국, 베드로, 요셉과 마리아, 시므온, 세례 요한, 가나안 여인, 삭개오, 도마, 가버나움의 백부장, 바디매오, 향유를 부은 여인, 사마리아 여인, 백부장 고넬료, 바울과 실라 등을 살펴보고, 그들의 삶에 나타난 하나님의 부르심과 그에 책임 있게 응답하는 신앙의 모습을 배웁니다. 이를 통해 오늘을 사는 감리교인들이 믿음, 소망, 사랑이라는 기독교 신앙의 핵심 가치를 배우고 삶에 녹여내 신앙의 그루터기를 든든히 세우기를 소망합니다.

속회공과의 특징과 구조

특징

- 올해 속회공과의 주제인 '신앙의 그루터기 - 믿음의 사람들'에 맞게 성경 본문을 구성하고 집필했습니다.
- 각 과의 제목과 주제는 성경 인물의 신앙과 삶을 중심으로 정했습니다.
- 속회 인도자가 공과를 읽어 가면서 쉽게 가르칠 수 있도록 내용을 구성했습니다.
- 집필자들이 성경 본문을 심도 있게 연구하여 각각의 내용을 쉽게 이해하도록 집필했습니다.
- 각 과에 '암송할 말씀'을 제시하여 말씀을 묵상하며 마음에 담도록 했습니다.

구조

- 각 과를 3대지로 구분했습니다.
- 각 대지는 성경 본문의 순서와 흐름을 따라 주해하고 설명을 보충했습니다.
- 부활주일과 추수감사주일에는 해당 절기에 적합한 성경 본문과 공과 내용을 준비했습니다.

속회공과의 흐름과 순서

1 한 주간의 삶 나누기
서로 환영하면서 지난 한 주간의 은혜를 나눕니다.

2 조용한 기도
인도자가 시편을 비롯한 묵상의 말씀을 읽으며
예배를 시작합니다.

3 찬송
공과 내용에 맞는 찬송을 선정했습니다.
인도자가 그날의 상황에 따라 찬송을 바꾸어 불러도 좋습니다.

4 기도
매주 한 명씩 순서를 정하여 돌아가면서 기도합니다.

5 오늘의 말씀
말씀의 뜻을 새기며 모든 속회원이
천천히 소리를 내어 읽습니다.

6 암송할 말씀
각 과의 핵심 내용을 담은 말씀을 한 주간 묵상하며 암송합니다.

7 말씀 나누기
은혜로운 말씀을 듣고 나누는 시간입니다. 성경 본문의
줄거리와 세 가지 핵심 내용, 결론으로 구성했습니다.

8 **말씀 행하기**

'묵상 질문'은 성경을 더 깊이 있게 묵상하면서 말씀에 대한 이해의 폭을 넓히도록 돕습니다. 제시된 질문에 단순히 예, 아니오로 답하지 않고, 경험하거나 생각한 것들을 자신의 언어로 표현하고 고백해 봅니다.

'삶에 적용하기'는 묵상한 말씀을 자신과 공동체의 삶에서 구체적으로 실천하도록 안내합니다. 속장과 인도자는 속회에서 배운 내용을 삶에서 나타낼 수 있도록 속회원들을 적극 격려합니다.

9 **중보 기도**

공동의 기도 제목과 서로의 기도 제목을 나눈 뒤 합심하여 기도합니다. 다음 속회로 모이기까지 서로를 위해 중보 기도합니다.

10 **헌금과 찬송**

받은 은혜에 감사하여 찬송과 더불어 헌금하는 시간입니다. 헌금 후 정한 순서에 따라 헌금 기도를 합니다.

11 **마침 기도**

다 같이 주님이 가르쳐 주신 기도를 합니다.

12 **사랑과 축복 나누기**

예배를 마친 후 '사랑합니다', '축복합니다'라는 인사말로 서로를 축복하며 삶의 자리로 나아갑니다.

속회 운영 방법

속회를 재미있게 운영하라

• 이벤트를 마련하라.
• 유머를 사용하라.
• 사람들의 관심이 무엇인지 알아야 재미있게 운영할 수 있다.
• 놀이를 계획하라.

협조와 도움을 구하라

• 속회원들의 재능에 따라 협력을 구한다.
• 서로 돌보는 것은 지체의 원리이며 건강의 비결이다.
• 편지, 전화, 음식 등 작은 일은 부탁한다.
• 구체적인 기도 제목을 적어 주며 중보 기도를 분담한다.

시간과 물질을 투자하라

• 시간을 들인 만큼 거두는 것이다.
• 속회를 위해 철저히 준비하고, 매 속회 시 기쁨의 일을 만든다.
• 함께 만나는 시간을 가진다.
• 기념일이나 문안 등 모든 경우에 가급적 선물을 준비한다.
• 같은 시간에 중보 기도를 하도록 정하고, 반드시 확인한다.

목표를 세우고 원칙대로 운영하라

• 속회의 목표를 세우되, 구체적이고 실천 가능한 것으로 세운다.
(표어, 신앙 성장 목표, 전도 목표, 축복 목표 등)
• 교회의 목표를 다시 한번 되새기게 한다.
• 속회 드리는 순서를 지키도록 한다.
• 순서 하나하나에 정성을 다한다.

차례

1.2

1과 하나님이 받으시는 예배

한 주간의 삶 나누기	
조용한 기도	
찬송	218장 네 맘과 정성을 다하여서
기도	맡은 이
오늘의 말씀	창세기 4장 1~7절
암송할 말씀	아벨은 자기도 양의 첫 새끼와 그 기름으로 드렸더니 여호와께서 아벨과 그의 제물은 받으셨으나 (4)

말씀 나누기

가인과 아벨 이야기는 하나님께 제물을 드린 일로 시작합니다. 가인과 아벨이 각자 제물을 드렸을 때 하나님은 아벨과 그의 제물은 받으셨지만, 가인과 그의 제물은 받지 않으셨습니다. 제물을 드리는 것은 하나님께 예배함을 의미합니다. 하나님이 받으시는 예배도 있지만, 받지 않으시는 예배도 있습니다.

하나님이 받으시는 예배는 어떤 예배입니까?

첫째, 처음 것을 드리는 예배입니다(1~4절).

가인의 제사와 아벨의 제사는 서로 달랐습니다. 가인은 하나님께 땅의 소산을 제물로 드렸고, 아벨은 양의 첫 새끼와 그 기름을 제물로 바쳤습니다. 두 제물은 단지 식물이냐 동물이냐의 차이가 아닙니다. 아벨의 제물이 가인의 제물과 다른 점이 한 가지 있었습니다. 바로 양의 첫 새끼였다는 것입니다. 처음 태어난 것을 구별하여 하나님께 드리는 것은 '하나님이 먼저'라는 마음 자세를 표현하는 행위입니다. 그렇기에 하나님은 아벨의 마음과 함께 그의 제물을 기쁘게 받으셨습니다.

하나님은 이스라엘을 애굽에서 구원하실 때 율법을 주시며 '모든 첫 태생은 다 내 것'이라고 선언하셨습니다(출 34:19). 처음 것을 드리는 예배는 하나님의 것을 마땅히 하나님께 돌려드리는 예배입니다. 우리도 처음 것을 드리는 예배자가 되어야 합니다.

둘째, 종의 마음으로 드리는 예배입니다(5~6절).

가인은 하나님이 자신의 제물을 받지 않으시자 몹시 분하여 안색이 변했습니다. 가인이 보여 주는 이러한 마음의 태도에서 하나님이 가인과 그의 제물을 받지 않으신 중요한 이유가 드러납니다. 즉 가인은 하나님이 주인이 아니라 자신을 주인으로 하는 제사를 드렸습니다. 종은 주인이 받지 않으면 화를 내기보다 자기의 문제를 고쳐 주인 마음에 들게 해야 합니다. 그러나 가인은 그러지 않았습니다. 중심을 보시는 하나님은 제물을 바치는 가인의 마음 상태를 아셨기에 그의 제물을 받지 않으셨습니다. 반면 아벨에게서는 가인과 다른 마음의 태도를 보셨습니다.

하나님은 가인처럼 주님께 드릴 마음이 없는 예배가 아니라, 아벨처럼 하나님을 경외하는 종의 마음으로 드리는 예배를 받으십니다.

셋째, 믿음으로 드리는 예배입니다(7절).

하나님은 가인이 선을 행하지 않았음을 지적하셨습니다. 또한 그로 인해 죄에 사로잡히게 될 것을 경고하셨습니다. 가인의 삶에는 선함이 없었기 때문입니다. 사도 바울은 "너희 몸을 하나님이 기뻐하시는 거룩한 산 제물로 드리라(롬 12:1)."고 했습니다. 예수님의 십자가 대속으로 구원받은 사람들은 자기 몸을 산 제물로 드리는 예배를 드려야 합니다. 자기 몸을 드린다는 것은 자기의 모든 삶을 온전히 담아 드림을 의미합니다. 하나님은 선을 행한 몸을 드리는 예배를 기쁘게 받으십니다.

하나님을 기쁘시게 하는 참으로 선한 일은 바로 믿음입니다. 아벨의 제사가 가인의 제사보다 나았던 것은 그가 믿음으로 드렸기 때문입니다(히 11:4). 선을 행하는 믿음으로 예배할 때, 우리는 하나님이 기쁘게 받으시는 예배자가 될 수 있습니다.

아벨은 하나님께서 받으시는 예배를 드린 믿음의 사람으로 인정받았습니다. 올바른 믿음의 사람으로 서기 위해서는 무엇보다 하나님이 기쁘게 받으시는 예배를 드려야 합니다.

말씀 행하기

묵상 질문

1. 하나님께 처음 것을 드리기 위해 무엇에 힘써야 합니까?
2. 종의 마음으로 하나님께 예배하려면 어떻게 해야 합니까?
3. 선을 행하는 믿음으로 예배하려면 어떻게 해야 합니까?

삶에 적용하기

새해를 시작하며 지금까지 예배를 어떤 마음으로 드려왔는지 돌아보고, 하나님이 받으시는 예배를 위해 힘써야 할 것을 나누어 봅시다.

중보 기도 하나님 나라와 건강한 교회와 행복한 가정을 위해 기도합니다.
(나라와 민족, 담임목사와 교회, 선교사와 선교지, 속회원, 전도 대상 등 서로의 기도 제목을 나누고 함께 기도합니다.)

헌금/찬송 327장 주님 주실 화평

마침 기도 주님의 기도 (서로를 축복하며 삶의 자리로 나아갑니다.)

1.9

2과 끝까지 순종하는 믿음

한 주간의 삶 나누기

조용한 기도

찬송 204장 주의 말씀 듣고서

기도 맡은 이

오늘의 말씀 창세기 6장 9~22절

암송할 말씀 노아가 그와 같이 하여 하나님이 자기에게 명하신 대로 다 준행하였더라 (22)

말씀 나누기

노아의 시대는 죄악이 가득하고 폭력이 만연했습니다. 사람들은 하나님을 경외하지 않고 자기 욕망을 따라 살았습니다. 그러나 노아는 그런 상황에서도 변함없이 하나님을 따랐습니다. 하나님께서 홍수를 예고하시며 방주를 지으라고 명령하셨을 때도, 세상의 비난과 조롱에 흔들리지 않고 끝까지 순종하며 믿음을 지켰습니다.

노아는 어떻게 믿음을 지킬 수 있었습니까?

첫째, 하나님과 동행했습니다(9~12절).

온 땅이 부패하고 폭력으로 가득 찼습니다. 하나님은 결국 타락한 세상을 심판하기로 결정하셨습니다. 그러나 노아만은 그 가운데서도 의롭다고 인정받으며 하나님 앞에서 완전한 삶을 살았습니다. 모든 사람이 너나없이 죄악을 일삼을 때도, 그는 세상 흐름에 휩쓸리지 않고 하나님 뜻을 따르는 삶을 선택했습니다. 하나님과의 깊은 관계 속에서 자기 생각보다 하나님 말씀을 더욱 신뢰하고 순종하는 삶을 살았습니다. 그는 참으로 하나님과 동행하는 사람이었습니다.

세상이 악해질수록 더욱 하나님과 동행해야 합니다. 죄악이 가득한 세상에서 믿음을 지키는 것이 쉽지 않지만, 노아처럼 하나님을 경외하며 의롭게 살아갈 때 흔들림 없이 믿음을 지킬 수 있습니다.

둘째, 하나님의 언약을 붙잡았습니다(13~21절).

온 땅에 포악함이 가득한 것을 보신 하나님은 모든 생명을 홍수로 심판하겠다고 선언하셨습니다. 그러나 노아에게는 방주를 지으라고 명령하시며 구원의 언약을 주셨습니다. 방주의 크기와 재료, 내부 구조까지 세밀히 지시하시며, 노아와 그의 가족이 살아남을 길을 마련하셨습니다. 또한 각 생물을 보존하도록 하셨습니다. 이는 죄악의 세상을 심판하시지만, 동시에 신실한 이들을 구원하시겠다는 하나님의 언약이었습니다. 노아는 하나님의 언약을 믿음으로 붙잡았습니다.

하나님의 언약을 붙잡는 것이 믿음을 지키는 길입니다. 우리도 하나님과 언약을 맺은 자들입니다. 예수 그리스도를 통해 구원의 언약을 받았으니, 말씀을 신뢰하며 주님의 약속을 붙잡아야 합니다.

셋째, 하나님이 명하신 대로 다 준행했습니다(22절).

노아는 하나님의 말씀을 들었을 때, 의심하지 않고 명령을 철저히 지키면서 방주를 완성했습니다. 자기 뜻이나 경험이 아닌 하나님의 명령을 절대적으로 신뢰하며 그대로 행했습니다. 고페르 나무 안팎을 역청으로 칠하고, 길이와 높이도 하나님이 말씀하신 그대로 맞췄습니다. 창문은 위쪽에 하나만 내고, 가축도 말씀하신 종류대로 보존했습니다. 이 모든 것을 온전히 행한 결과, 노아와 그의 가족은 하나님의 심판에서 구원받을 수 있었습니다.

노아처럼 인간의 생각으로 이해되지 않는 상황에서도 하나님의 뜻을 믿고 따를 때, 하나님은 우리를 가장 좋은 길로 인도하십니다. 그러니 세상의 온갖 비난과 조롱이 우리를 흔든다 해도 끝까지 주님의 명령을 다 준행해야 합니다.

노아는 죄악이 가득한 세상에서도 하나님과 동행하며, 하나님의 언약을 붙잡고, 하나님의 말씀을 그대로 준행했습니다. 세상은 그의 믿음을 비웃었지만, 그는 흔들리지 않았습니다. 우리도 노아처럼 흔들림 없이 하나님의 약속을 굳게 붙잡고 끝까지 순종하는 믿음으로 나아가야 합니다.

말씀 행하기

묵상 질문

1. 새해에 하나님과 동행하기 위해 결단한 것은 무엇입니까?
2. 올해 내게 주신 하나님의 말씀은 무엇입니까?
3. 하나님의 말씀을 끝까지 신뢰하며 순종한 경험에는 무엇이 있습니까?

삶에 적용하기

교회와 가정에서 끝까지 순종해야 할 하나님의 명령은 무엇인지 묵상하고 실천해 봅시다.

중보 기도 하나님 나라와 건강한 교회와 행복한 가정을 위해 기도합니다.
(나라와 민족, 담임목사와 교회, 선교사와 선교지, 속회원, 전도 대상 등 서로의 기도 제목을 나누고 함께 기도합니다.)

헌금/찬송 384장 나의 갈 길 다 가도록

마침 기도 주님의 기도 (서로를 축복하며 삶의 자리로 나아갑니다.)

1.16

3과 부르심에 순종하는 믿음

한 주간의 삶 나누기

조용한 기도

찬송 516장 옳은 길 따르라 의의 길을

기도 맡은 이

오늘의 말씀 창세기 12장 1~9절

암송할 말씀 이에 아브람이 여호와의 말씀을 따라갔고 롯도 그와 함께 갔으며 아브람이 하란을 떠날 때에 칠십오 세였더라 (4)

말씀 나누기

하나님은 갈대아 우르라는 비옥한 초승달 지역에 살고 있는 아브람을 부르셨습니다. 그러고는 고향을 떠나 새로운 땅으로 가라고 명령하셨습니다. 75세의 나이에도 아브람은 믿음으로 말씀에 순종했습니다. 하나님은 아브람이 큰 민족을 이루고, 그의 이름이 창대해지며, 복의 근원이 되게 하겠다고 약속하셨습니다.

아브람은 하나님의 부르심에 어떻게 순종했습니까?

첫째, 버리고 떠났습니다(1~3절).

하나님은 아브람에게 고향과 친척, 아버지의 집을 떠나라고 명령하셨습니다. 고대사회에서 고향을 떠나는 것은 지금껏 누려왔던 모든 것을 완전히 포기하고 내려놓는다는 의미였습니다. 하나님은 아브람이 큰 민족을 이루고, 그의 이름이 창대해지며, 땅의 모든 족속이 그를 통해 복을 얻게 될 것이라고 약속하셨습니다. 이는 단지 아브람에게만 아니라, 그의 후손과 모든 인류에게까지 영향을 미치는 약속이었습니다. 아브람이 믿음으로 부르심에 순종한 결과, 그의 후손을 통해 예수님이 오셨고, 그분을 통해 온 인류가 구원을 받았습니다.

하나님의 부르심은 때로 안정된 상황을 포기하고 새로운 도전으로 나아가도록 요구합니다. 아브람처럼 우리도 그 부르심에 다 버리고 떠나는 순종으로 응답해야 합니다.

둘째, 약속의 말씀을 따라갔습니다(4~6절).

아브람은 고향을 떠나 하나님의 말씀을 따라갔습니다. 아브람에게 하나님 말씀은 반드시 준행해야 할 명령이었습니다. 나이가 들수록 고향을 떠나는 것은 힘든 일입니다. 하지만 아브람은 75세의 나이에, 갈 바조차 알지 못하면서도 가족들과 조카 롯을 데리고 하란을 떠나 하나님의 명령을 따라갔습니다. 복의 근원이 되게 하겠다는 하나님의 약속을 굳게 믿고 순종한 것입니다.

아브람이 살던 갈대아 우르는 타락한 세상의 모형이고, 하나님이 약속하신 가나안 땅은 천국의 모형입니다. 아브람은 우상의 땅을 미련 없이 버리고, 천국의 모형인 가나안 땅을 선택했습니다. "주의 말씀은 내 발에 등이요 내 길에 빛이니이다(시 119:105)." 시편 시인의 고백처럼, 하나님의 말씀은 우리 인생의 길잡이입니다. 말씀의 인도하심을 받을 때 참되고 올바른 길을 걸을 수 있습니다.

셋째, 제단을 쌓고 여호와의 이름을 불렀습니다(7~9절).

아브람은 긴 여정 끝에 가나안 세겜 땅 모레 상수리나무에 도착했습니다. 하나님은 아브람에게 그 땅을 그의 자손에게 주겠다고 말씀하셨습니다. 감격한 아브람은 가장 먼저 그곳에 제단을 쌓고 여호와의 이름을 부르며 예배했습니다. 세겜은 '힘', '어깨'라는 뜻입니다. 하나님은 우리의 힘이 되십니다.

아브람은 거기서 벧엘 동쪽 산으로 옮긴 뒤에도 다시 여호와의 이름을 부르며 예배했습니다. 예배는 하나님께 영광을 돌리는 행위입니다. 하나님의 약속을 받고 믿음으로 예배하는 자가 하나님이 주시는 새 힘을 공급받습니다. 우리의 힘이 되시는 하나님의 은혜에 감격하여 참된 마음으로 하나님을 예배해야 합니다.

하나님의 부르심에 순종한 아브람은 믿음의 조상이요 복의 통로가 되었습니다. 하나님의 선지자(창 20:7), 하나님의 벗(사 41:8)으로 불리며 약속의 말씀을 성취하는 사람이 되었습니다. 우리도 말씀에 순종하는 믿음으로 부르심에 합당한 삶을 살아야 합니다.

말씀 행하기

묵상 질문

1. 무언가를 포기해서 얻은 은혜에는 어떤 것이 있습니까?
2. 내게 주신 것이라고 확신했던 말씀은 무엇입니까?
3. 온 마음을 다해 간절히 예배드렸던 적은 언제입니까?

삶에 적용하기

하나님 말씀에 순종해서 복을 받은 경험을 서로 나눠 봅시다.

중보 기도 하나님 나라와 건강한 교회와 행복한 가정을 위해 기도합니다.
(나라와 민족, 담임목사와 교회, 선교사와 선교지, 속회원, 전도 대상 등 서로의 기도 제목을 나누고 함께 기도합니다.)

헌금/찬송 450장 내 평생 소원 이것뿐

마침 기도 주님의 기도 (서로를 축복하며 삶의 자리로 나아갑니다.)

1.23

4과 분쟁의 위기를 극복하는 믿음

한 주간의 삶 나누기

조용한 기도

찬송 618장 나 주님을 사랑합니다

기도 맡은 이

오늘의 말씀 창세기 13장 1~18절

암송할 말씀 아브람이 롯에게 이르되 우리는 한 친족이라 나나 너나 내 목자나 네 목자나 서로 다투게 하지 말자 (8)

말씀 나누기

아브람과 롯은 삼촌과 조카, 곧 가족입니다. 평소에 관계가 좋던 가족 간에도 갈등이 일어날 때가 있습니다. 아브람의 가축을 치는 목자와 롯의 목자 간에 소유의 문제를 두고 분쟁이 생겼습니다. 아브람은 이 상황을 지혜롭게 풀어나갔습니다.

아브람은 분쟁의 위기를 어떻게 지혜롭게 풀었습니까?

첫째, 관계에 집중했습니다(1~8절).

아브람은 애굽을 떠나 다시 하나님이 약속하신 땅으로 왔습니다. 하나님의 은혜로 애굽의 많은 가축을 이끌고 나와 벧엘과 아이 사이에 장막을 쳤습니다. 그런데 조카 롯의 가축까지 한곳에 거주하다 보니 문제가 생겼습니다. 아브람의 목자와 롯의 목자가 땅을 더 차지하고자 다투기 시작한 것입니다. 콩 한 쪽도 나누어 먹던 가난했던 시절이 무색하게, 부유해지자 서로 더 갖겠다고 갈등이 일어났습니다. 그런데 갈등 상황에서 아브람은 자기의 기득권에 집착하지 않았습니다. 오히려 '우리는 한 친족'이라는 가족관계에 집중해 문제를 해결해 나갔습니다.

교회 안에서도 마찬가지입니다. 기득권 문제로 갈등과 분쟁이 일어났을 때, 우리는 빼앗길 권리가 아니라 예수님 안에서 모두 한 형제라는 사실을 기억해야 합니다.

둘째, 양보했습니다(9~13절).

아브람은 선택의 상황에서 롯에게 말했습니다. "네가 좌하면 나는 우하고 네가 우하면 나는 좌하리라(9)." 우선권을 롯에게 양보함으로써 분쟁 위기를 풀어나간 것입니다. 롯은 여호와의 동산 같고 애굽 땅처럼 보이는 소돔과 고모라를 택했습니다. 삼촌 아브람에 대한 배려 없이 눈앞에 보이는 이득을 취했습니다. 반면 아브람은 하나님을 믿는 사람답게 눈앞의 이득이 아니라 그 너머를 보았습니다. 좋은 것은 조카 롯이 다 취하고, 자신은 모든 권리를 빼앗기는 것처럼 보여도, 아브람은 양보를 통해 믿음의 사람다운 결단을 했습니다.

우리도 갈등 상황을 만났을 때, 눈앞의 이득이 아니라 하나님의 사람다운 양보와 믿음의 선택을 해야 합니다.

셋째, 약속을 바라보았습니다(14~18절).

롯이 아브람을 떠난 후 하나님은 아브람에게 나타나 상상할 수 없는 복의 말씀을 주셨습니다. 먼저 눈을 들어 보라고 하셨습니다. "너 있는 곳에서 북쪽과 남쪽 그리고 동쪽과 서쪽을 바라보라(14)." 또한 "너는 일어나 그 땅을 종과 횡으로 두루 다녀 보라 내가 그것을 네게 주리라(17)."고 말씀하셨습니다.

분쟁의 위기 속에서 기득권을 빼앗기고 좋은 것을 모두 다른 사람들이 취하는 것 같아도, 우리는 믿음의 눈을 떠서 하나님의 계획을 바라보며 새로운 믿음의 길을 개척해 나가야 합니다. 눈을 들어 위를 보아야 합니다. 그래야 하나님의 계획이 보입니다. 내가 선 이 자리에서 지금 일하고 계시는 하나님을 바라보는 눈, 하나님의 약속을 바라보는 믿음의 눈이 필요합니다.

아브람은 분쟁 위기에서 양보를 통해 손해 보는 선택을 했습니다. 좋은 땅은 모두 롯의 차지가 되는 듯싶었습니다. 그러나 결국 복을 받은 사람은 아브람입니다. 당장은 손해를 보더라도 하나님이 기뻐하시는 믿음의 선택을 하는 사람이 진정한 승자입니다.

말씀 행하기

묵상 질문

1. 분쟁 위기에 놓였을 때 무엇에 집중합니까?
2. 갈등 상황에서 양보했던 경험에는 어떤 것이 있습니까?
3. 하나님 말씀을 선택하여 받은 복이 있습니까?

삶에 적용하기

분쟁 위기 상황에서 싸워 이기려 하기보다 먼저 기도하고 하나님 말씀에 따라 믿음의 선택을 해봅시다.

중보 기도 하나님 나라와 건강한 교회와 행복한 가정을 위해 기도합니다.
(나라와 민족, 담임목사와 교회, 선교사와 선교지, 속회원, 전도 대상 등 서로의 기도 제목을 나누고 함께 기도합니다.)

헌금/찬송 620장 여기에 모인 우리

마침 기도 수님의 기도 (서로를 축복하며 삶의 자리로 나아갑니다.)

5과 하나님의 뜻이라면

한 주간의 삶 나누기

조용한 기도

찬송	239장 저 뵈는 본향 집
기도	맡은 이
오늘의 말씀	창세기 22장 1~19절
암송할 말씀	또 네 씨로 말미암아 천하 만민이 복을 받으리니 이는 네가 나의 말을 준행하였음이니라 하셨다 하니라 (18)

말씀 나누기

하나님은 아브라함을 시험하려고 부르셨습니다. 그에게 '네 아들, 네 사랑하는 독자 이삭'을 번제로 드리라고 하셨습니다. 사람의 능력으로는 도저히 감당할 수 없는 시험이었습니다. 그러나 아브라함은 이 시험을 통과하여 모든 믿는 자의 조상(롬 4:11)이 되었습니다.

아브라함은 하나님의 시험을 어떻게 통과했습니까?

첫째, 하나님이 친히 예비하심을 믿었습니다(1~8절).

아브라함은 아침 일찍 일어나 하나님이 일러 주신 곳으로 이삭을 데리고 갔습니다. 번제를 드릴 때 쓸 나무를 이삭에게 지우고, 불과 칼을 챙겼습니다. 그러자 이삭이 물었습니다. "불과 나무는 있는데 번제로 바칠 양은 어디에 있습니까?" 아브라함은 "어린 양은 하나님이 자기를 위해 친히 준비하신다."라고 대답했습니다. 여기서 '준비하신다'로 번역된 히브리어가 '이레'입니다. 이 산의 이름이 아브라함의 믿음의 고백으로 '여호와 이레'가 되었습니다(14).

아브라함은 생명의 주인이신 하나님이 이삭을 죽은 자 가운데서도 능히 다시 살리실 줄로 믿었습니다(히 11:19). 여호와 이레의 신앙은 염려와 두려움 가운데서도 믿음의 용기를 내게 합니다.

둘째, 하나님의 부르심에 즉시 멈췄습니다(9~12절).

하나님이 일러 주신 장소에 이르자 아브라함은 제단을 쌓고 나무를 벌여 놓았습니다. 그는 사랑하는 독자요 하나님이 주신 선물인 이삭을 결박하여 제단 나무 위에 올리고는 칼을 꺼내 베려고 했습니다. 바로 그 순간 여호와의 사자가 아브라함을 불러 멈추게 했습니다. 그리고 "그 아이에게 네 손을 대지 말라 그에게 아무 일도 하지 말라 네가 네 아들 네 독자까지도 내게 아끼지 아니하였으니 내가 이제야 네가 하나님을 경외하는 줄을 아노라(12)."고 했습니다.

하나님은 처음에 이삭을 번제로 드리라고 말씀하셨습니다. 그러나 이제는 멈추라고 하십니다. 아브라함의 믿음은 하나님의 부르심에 손에 잡은 칼을 즉시 내려놓는 믿음입니다. 우리도 내 것을 단번에 내려놓고 부르심에 순종해야 합니다.

셋째, 하나님 말씀을 준행했습니다(13~18절).

하나님은 숫양을 보내서 아브라함이 아들을 대신해 번제로 드리게 하셨습니다. 그리고 "네 아들 네 독자도 아끼지 아니하였은즉 내가 네게 큰 복을 주고 네 씨가 크게 번성하여 하늘의 별과 같고 바닷가의 모래와 같게 하리니 네 씨가 그 대적의 성문을 차지하리라(16~17)."고 약속해 주셨습니다. 또한 "네 씨로 말미암아 천하 만민이 복을 받으리니 이는 네가 나의 말을 준행하였음이니라(18)."고 하셨습니다.

아브라함은 하나님의 말씀을 믿고 행동했습니다. 믿음이 그의 행함과 함께 일한 것입니다(약 2:22). 믿음은 말씀을 듣고, 지키고, 행하는 것입니다. 행함이 없는 믿음은 죽은 믿음입니다. 그러므로 하나님 말씀을 따라 행함으로 믿음을 온전히 세워야 합니다.

아브라함은 하나님의 시험을 믿음으로 통과했습니다. 우리도 감당할 수 없는 시험을 만날 때마다 여호와 이레의 신앙에 굳게 서서 믿음으로 행동해야 합니다. 믿음은 하나님의 뜻을 따라 멈추라고 하실 때 멈추고, 나아가라고 하실 때 나아가는 것입니다. 하나님의 약속을 믿고 행하는 사람이 아브라함의 복을 받습니다.

말씀 행하기

묵상 질문

1. 하나님의 예비하심을 경험한 일에는 무엇이 있습니까?
2. 하나님을 위해 하던 것을 멈춘 적은 언제입니까?
3. 주일 설교 말씀을 듣고 행함으로 어떤 복을 누렸습니까?

삶에 적용하기

순종하기 어려운 일 앞에서 어떤 마음 자세를 가져야 할지 서로 생각을 나누고 실천해 봅시다.

중보 기도 하나님 나라와 건강한 교회와 행복한 가정을 위해 기도합니다.
(나라와 민족, 담임목사와 교회, 선교사와 선교지, 속회원, 전도 대상 등 서로의 기도 제목을 나누고 함께 기도합니다.)

헌금/찬송 27장 빛나고 높은 보좌와

마침 기도 주님의 기도 (서로를 축복하며 삶의 자리로 나아갑니다.)

2.6

6과 믿음의 기도

한 주간의 삶 나누기	
조용한 기도	
찬송	390장 예수가 거느리시니
기도	맡은 이
오늘의 말씀	창세기 24장 1~27절
암송할 말씀	그가 이르되 우리 주인 아브라함의 하나님 여호와여 원하건대 오늘 나에게 순조롭게 만나게 하사 내 주인 아브라함에게 은혜를 베푸시옵소서 (12)

말씀 나누기

아브라함은 죽음을 맞이하기 전에 아들 이삭의 아내를 찾고자 했습니다. 그래서 이 중요한 일을, 평소 신뢰하던 늙은 종 엘리에셀에게 위임했습니다. 믿음으로 간구한 엘리에셀은 마침내 이삭의 돕는 배필이 될 리브가를 만났습니다. 이처럼 이삭과 리브가의 만남에는 엘리에셀의 믿음의 기도가 있었습니다.

엘리에셀은 어떻게 기도 응답을 받았습니까?

첫째, 주인의 명령에 순종했습니다(1~9절).

아브라함은 자기 집 모든 소유를 맡아보는 엘리에셀에게 자기 고향으로 가서 이삭의 아내가 될 사람을 찾아오라고 했습니다. 엘리에셀은 만약 그 여인이 따라오지 않겠다고 하면, 이삭을 데리고 그곳으로 가야 하는지 물었습니다. 아브라함은 절대 그래서는 안 된다면서, 하나님께서 천사를 앞서 보내 길을 열어 주실 것이라고 했습니다. 또한 여인이 따라오지 않으면 이 맹세에 대해 책임지지 않아도 좋다고 했습니다. 종은 주인의 말에 순종하여 길을 나섰습니다.

종의 목표는 주인의 뜻을 이루는 것입니다. 신앙은 내 뜻이 아니라, 하나님의 뜻을 이루는 것입니다. 그러므로 신앙의 첫걸음은 순종입니다. 하나님 뜻에 순종하는 삶을 살아야 합니다.

둘째, 믿음으로 구했습니다(10~14절).

낙타 열 마리에 주인이 준 온갖 좋은 선물을 싣고 떠난 엘리에셀이 마침내 나홀의 성에 도착했습니다. 그는 성 밖 우물 곁에서 아브라함의 하나님께 기도했습니다. 이삭의 아내 될 여인을 순조롭게 만나는 은혜를 베풀어 달라고 간구했습니다. 그러면서 물을 길으러 나온 젊은 여인들 중 하나에게 물을 청했을 때, 자기에게 물을 주고 낙타들에게도 주겠다고 하는 여인이 바로 하나님이 예비하신 이삭의 아내인 줄 알겠다고 했습니다.

종의 기도가 다소 황당하고 지나쳐 보일 수도 있습니다. 그러나 종은 하나님의 인도하심을 믿었기에 매우 구체적으로 기도할 수 있었습니다. 우리도 내 삶의 주관자이신 하나님의 인도하심을 믿고 그 은혜를 간구해야 합니다.

셋째, 하나님의 응답에 감사했습니다(15~27절).

엘리에셀이 기도를 마치기도 전에 리브가가 나타났습니다. 종이 리브가에게 마실 물을 청하자 그녀는 물동이를 받쳐 들고 물을 마실 수 있게 해주었습니다. 게다가 요청하지 않았음에도 낙타들에게 물을 먹였습니다. 종은 과연 하나님께서 모든 일을 순조롭게 해주시는 것인지를 알려고 그 모습을 말없이 지켜보았습니다. 이후 리브가와의 대화로 그가 아브라함의 친척임을 알게 된 종은 그 집에서 하룻밤 묵을 수 있는지 물었습니다. 리브가는 자기 집에 짚과 사료가 넉넉하며 방도 있다고 했습니다. 일이 이쯤 되니, 종은 이것이 하나님의 응답임을 분명하게 깨닫고 주께 감사하며 경배했습니다.

기도 응답을 받고도 당연하게 여기거나 감사를 등한시하는 경우가 있습니다. 응답을 받은 자는 주신 분께 감사하며 찬양하는 것이 마땅한 도리입니다.

믿음의 기도는 순종에서 시작됩니다. 엘리에셀은 이삭의 아내를 구해 오라는 아브라함의 명에 전적으로 순종했습니다. 그리고 하나님의 인도하심을 믿으며 구체적으로 기도했습니다. 하나님은 종의 기도에 응답해 주셨고, 그는 하나님을 찬양했습니다. 응답은 하나님과 동행하며 믿음의 기도를 드리는 자에게 주시는 하나님의 선물입니다.

말씀 행하기

묵상 질문

1. 내 뜻을 내려놓고 하나님 말씀에 순종했던 일에는 무엇이 있습니까?
2. 응답을 구하며 구체적으로 기도했던 기도 제목에는 무엇이 있습니까?
3. 기도 응답을 받고서 어떻게 감사했습니까?

삶에 적용하기

속회나 교회를 위한 구체적인 기도 제목을 나누어 봅시다.

중보 기도　하나님 나라와 건강한 교회와 행복한 가정을 위해 기도합니다.
(나라와 민족, 담임목사와 교회, 선교사와 선교지, 속회원, 전도 대상 등 서로의 기도 제목을 나누고 함께 기도합니다.)

헌금/찬송　365장 마음속에 근심 있는 사람

마침 기도　주님의 기도 (서로를 축복하며 삶의 자리로 나아갑니다.)

2.13

7과 형통하게 하는 믿음

한 주간의 삶 나누기	
조용한 기도	
찬송	400장 험한 시험 물 속에서
기도	맡은 이
오늘의 말씀	창세기 39장 1~23절
암송할 말씀	그의 주인이 여호와께서 그와 함께 하심을 보며 또 여호와께서 그의 범사에 형통하게 하심을 보았더라 (3)

말씀 나누기

요셉은 하나님이 주신 꿈을 꾸었습니다. 그 속에는 그의 인생을 통해 이루실 하나님의 놀라운 계획이 담겨 있었습니다. 요셉은 하나님이 주신 꿈 때문에 시련과 고통을 당하기도 했습니다. 그러나 믿음으로 그 시간을 능히 견뎌 형통한 삶을 살았습니다.

요셉은 어떻게 형통한 믿음의 삶을 살았습니까?

첫째, 성실하게 살았습니다(1~6절).

요셉은 애굽으로 끌려갔습니다. 요셉의 형제들에게서 그를 산 이스마엘 사람들이 애굽 사람 보디발에게 되판 것입니다. 그런데 요셉은 거기서도 자기에게 맡겨진 일을 성실히 감당했고, 하나님은 그런 요셉과 함께하시며 그가 하는 일을 형통하게 하셨습니다. 보디발은 요셉이 하는 모든 일이 잘

되도록 하나님이 돌보아 주시는 것을 보고는, 그를 가까이 두고 자기 집안 일과 재산을 맡겨서 관리하며 자신을 섬기게 했습니다. 그때부터 하나님은 요셉을 위해 보디발의 집 모든 소유에 복을 내리셨습니다.

요셉은 노예가 된 상황에서도 범사에 믿음으로 성실히 살았습니다. 그렇기에 하나님이 그를 형통하게 하셨습니다. 모든 상황에서 성실한 사람이 형통의 복을 누립니다.

둘째, 죄에서 떠나 살았습니다(7~18절).

용모가 빼어나고 아름다웠던 요셉을 보디발의 아내가 끈질기게 유혹했습니다. 그러나 요셉은 흔들리지 않았습니다. 어느 날 보디발의 아내가 강하게 붙잡고 유혹하자 요셉은 그 손을 뿌리치기 위해 옷을 벗어둔 채 급히 뛰쳐나왔습니다. 화가 난 보디발의 아내는 요셉의 옷을 증거로 삼아 그에게 누명을 씌웠습니다.

요셉은 믿음으로 성실히 살았지만, 죄의 유혹으로 억울한 누명을 썼습니다. 그럼에도 그는 끝까지 믿음을 버리지 않았습니다. 죄와 타협하지 않고 죄에서 떠나 살았습니다. 요셉처럼 죄에서 떠나 살아갈 때, 하나님은 우리 삶을 형통하게 하십니다. 죄의 유혹을 단호히 거절하고, 죄에서 떠나 살아야 합니다.

셋째, 한결같은 은혜로 살았습니다(19~23절).

보디발은 아내의 이야기만 듣고는 화를 내면서 요셉을 잡아다가 감옥에 가두었습니다. 그러나 그곳에서도 하나님은 그와 함께 계시며 한결같은 은혜로 돌봐주셨습니다. 하나님은 요셉을 간수장의 눈에 들게 하셨습니다. 간수장은 죄수들과 감옥에서 일어나는 모든 일을 요셉에게 맡겼습니다. 하나님은 요셉이 하는 일마다 형통하게 하셨습니다.

하나님은 요셉이 어떤 상황에 있든지 한결같은 은혜로 함께하시고, 그의 삶 모든 곳을 은혜로 채워 주셨습니다. 믿음으로 사는 사람에게는 하나님의 은혜가 흘러넘칩니다. 언제 어디서든 그 은혜가 그를 보호하고 인도합니다. 우리도 요셉처럼 억울한 상황에서도 믿음으로 살아 하나님의 풍성한 은혜를 경험해야 합니다.

성도가 믿음으로 올곧게 살아갈지라도 죄의 유혹과 억울한 일을 만날 수 있습니다. 하나님은 요셉처럼 어떤 상황에서도 믿음을 지키며 성실하게 살아가는 성도를 형통하게 하십니다. 죄에서 떠나 살아가는 성도를 한결같은 은혜로 지켜 주십니다.

말씀 행하기

묵상 질문

1. 성실하게 살아 인정받은 일에는 무엇이 있습니까?
2. 죄에서 떠나 살려면 무엇에 힘써야 합니까?
3. 내 삶에 하나님의 은혜가 드러났던 일에는 무엇이 있습니까?

삶에 적용하기

고난과 시련 중에도 형통하게 하는 믿음으로 살아가는 방법을 나누고 실천해 봅시다.

중보 기도 하나님 나라와 건강한 교회와 행복한 가정을 위해 기도합니다.
(나라와 민족, 담임목사와 교회, 선교사와 선교지, 속회원, 전도 대상 등 서로의 기도 제목을 나누고 함께 기도합니다.)

헌금/찬송 408장 나 어느 곳에 있든지

마침 기도 주님의 기도 (서로를 축복하며 삶의 자리로 나아갑니다.)

2.20

8과 치유와 회복의 믿음

한 주간의 삶 나누기

조용한 기도

찬송 471장 주여 나의 병든 몸을

기도 맡은 이

오늘의 말씀 누가복음 5장 17~26절

암송할 말씀 예수께서 그들의 믿음을 보시고 이르시되 이 사람아 네 죄 사함을 받았느니라 하시니 (20)

말씀 나누기

예수님이 공생애를 시작하시고 갈릴리에서 사역하실 때, 한 중풍병자를 그의 친구들이 침상에 실어 왔습니다. 그러나 인파에 가로막혀 예수님께로 가까이 갈 수 없었습니다. 그들은 지붕으로 올라가 기와를 벗기고 병자를 예수님 앞으로 달아 내렸습니다. 예수님은 그들의 믿음을 보시고 병자를 치유해 주셨습니다.

치유와 회복을 위해 중풍병자의 친구들은 어떻게 했습니까?

첫째, 예수님께로 나아갔습니다(17~18절).

중풍병자와 그의 친구들은 예수님의 소문을 듣고 그분을 만나기로 결심했습니다. 그들에게는 예수님께서 친구를 치유하실 수 있다는 믿음이 있었습니다. 예수님은 사람을 치유하고 회복시키시는 분입니다. 그러므로 우리는 치유가 필요할 때 예수님께로 나아가야 합니다. 이는 단순히 몸만 가는 것이 아닙니다. 믿음으로 그분을 찾고 의지하는 것입니다.

아모스 선지자는 "여호와께서 이스라엘 족속에게 이와 같이 말씀하시기를 너희는 나를 찾으라 그리하면 살리라(암 5:4)."고 선포했습니다. 치유와 회복은 예수님께로 나아갈 때 시작됩니다. 문제를 해결하기 위해 세상의 방법을 찾기보다 온전한 믿음과 간절함으로 예수님을 찾고 그분께로 나아가야 합니다. 예수님은 반드시 우리를 만나 주시고 치유와 회복의 은혜를 베풀어 주십니다.

둘째, 포기하지 않았습니다(19~20절).

중풍병자의 친구들은 장애물에 가로막혀도 포기하지 않았습니다. 처음에 그들은 병자를 침상에 누인 채로 안으로 들여 예수님 앞으로 데려가려고 했습니다. 하지만 사람이 너무 많아 뜻대로 되지 않았습니다. 그러자 그들은 지붕으로 올라가 기와를 벗기고 병자를 침상째 예수님 앞으로 달아 내렸습니다. 예수님은 그들의 믿음을 보시고 병자를 치유해 주셨습니다.

어려움 앞에서도 쉽게 포기하지 않는 태도가 중요합니다. 사도 바울은 "우리가 선을 행하되 낙심하지 말지니 포기하지 아니하면 때가 이르매 거두리라(갈 6:9)."고 전했습니다. 하나님은 우리 믿음을 보고 역사하십니다. 그러므로 끝까지 포기하지 않고 믿음으로 선을 행해야 합니다.

셋째, 하나님께 영광을 돌렸습니다(21~26절).

치유받은 중풍병자는 곧바로 일어나 누웠던 것을 가지고 하나님께 영광을 돌리며 자기 집으로 돌아갔습니다. 사람들은 그 모습을 보고 하나님께 영광을 돌리며 그분의 능력을 찬양했습니다. 그들은 단순히 병이 나은 것에만 집중하지 않고, 하나님께서 하신 일을 인정하고 높였습니다. 이렇게 중풍병자의 치유는 개인적인 축복에 그치지 않고, 하나님의 영광을 드러내는 사건이 되었습니다.

하나님께 영광을 돌리는 삶은 하나님의 권위와 능력을 인정하고 그것에 순종하며 살아가는 것입니다. 예수님을 삶의 주인으로 모시고 그분의 뜻에 따라 살아가는 것이야말로 하나님께 영광을 돌리는 길입니다. 우리가 경험하는 고난, 치유, 축복은 모두 하나님을 드러내는 통로가 되어야 하며, 그것으로 하나님께 영광을 돌려야 합니다.

치유와 회복의 역사를 경험하려면, 지금 어떤 어려움이 있더라도 예수님께로 나아가기를 주저하지 말아야 합니다. 끝까지 믿음을 지키며 기도하고, 하나님의 역사가 나타날 때 온전히 하나님께 영광 돌리는 삶을 살아야 합니다. 이러한 믿음의 삶을 살아갈 때, 우리는 하나님의 놀라운 치유와 회복을 경험하게 됩니다.

말씀 행하기

묵상 질문

1. 예수님께 믿음으로 나아갔던 일에는 무엇이 있습니까?
2. 불가능해 보이는 상황 앞에서 어떤 태도를 취하고 있습니까?
3. 하나님께 영광 돌린 일에는 어떤 것이 있습니까?

삶에 적용하기

이웃의 치유와 회복을 위해 우리 속회가 할 수 있는 일을 나누고 실천해 봅시다.

중보 기도 하나님 나라와 건강한 교회와 행복한 가정을 위해 기도합니다.
(나라와 민족, 담임목사와 교회, 선교사와 선교지, 속회원, 전도 대상 등 서로의 기도 제목을 나누고 함께 기도합니다.)

헌금/찬송 370장 주 안에 있는 나에게

마침 기도 주님의 기도 (서로를 축복하며 삶의 자리로 나아갑니다.)

2.27

9과 부스러기 믿음

한 주간의 삶 나누기	
조용한 기도	
찬송	541장 꽃이 피는 봄날에만
기도	맡은 이
오늘의 말씀	마태복음 15장 21~28절
암송할 말씀	여자가 이르되 주여 옳소이다마는 개들도 제 주인의 상에서 떨어지는 부스러기를 먹나이다 하니 (27)

말씀 나누기

예수님은 갈릴리를 떠나 이방 지역인 두로와 시돈 지방으로 가셨습니다. 가나안 여인은 예수님께 귀신 들린 자기 딸을 고쳐 달라고 부탁했습니다. 주님은 처음에 한마디 말씀도 없이 냉담하게 외면하셨습니다. 하지만 결국 여인의 믿음을 보시고 소원대로 그의 딸을 고쳐 주셨습니다.

가나안 여인의 믿음은 어떠했습니까?

첫째, 예수님을 그리스도로 믿었습니다(22절).

가나안 여인은 악한 귀신에 들려 고통받는 딸의 치유를 바라며 예수님께로 나아와 소리쳤습니다. 유대 사회에서 이방인은 부정한 사람들로 치부해 하나님의 축복과는 상관없는 사람들로 여겼습니다. 그럼에도 여인은 "주 다윗의 자손이여 나를 불쌍히 여기소서(22)."라고 큰 소리로 부르짖었습니다. 여기서 '다윗의 자손'은 '그리스도' 또는 '메시아'와 같은 뜻입니다. 즉 이 외침은 예수님이 메시아요, 자신을 구원해 주실 그리스도라고 믿는 믿음의 고백이었습니다.

간절하게 부르짖는 기도는 내면의 깊이에 비례합니다. 주님께 절하며 도움을 구한 여인의 기도는 무관심을 극복하는 큰 믿음의 기도였고, 소원을 이루는 능력이었습니다. 이처럼 예수 그리스도를 구주로 믿고 부르짖을 때, 주님의 구원하심을 경험할 수 있습니다.

둘째, 믿음으로 시험을 이겼습니다(26~27절).

가나안 여인이 믿음을 가지고 큰 소리로 외쳤지만, 예수님은 계속 침묵하셨습니다. 여인은 자녀의 떡을 취하여 개들에게 던짐이 마땅하지 않다는 주님 말씀에 낙심하고 좌절할 만한데도, 오히려 더욱 매달렸습니다. 예수님의 말씀은 여인에게 절망을 주는 것처럼 들렸지만, 여인은 낙심하지 않았습니다. 개들도 주인의 상에서 떨어지는 부스러기를 먹는다며, 오히려 주님이 하신 뼈아픈 말씀을 인정했습니다. 자기 문제를 예수님이 해결해 주실 것을 분명히 믿었기에 그 모든 것을 이겨냈습니다.

누구에게나 믿음의 시험은 괴롭습니다. 믿음의 시험이 때로 고난처럼 느껴지지만, 믿음으로 시험을 이기는 기회가 되기도 합니다. "시험을 견디어 내는 사람은 복이 있습니다(약 1:12, 새번역)." 믿음으로 시험을 이기고 다시 일어날 힘을 얻어야 합니다.

셋째, 큰 믿음을 인정받았습니다(28절).

예수님은 가나안 여인의 간절한 요청을 들어주셨습니다. "네 믿음이 크도다 네 소원대로 되리라(28)."고 말씀하시며 기적을 베푸셨습니다. 예수님이 여인의 믿음을 보고 크다고 칭찬하신 것은 흔한 일이 아닙니다. 부스러기 같은 은혜라도 만족하겠다는 여인의 신앙고백을 기뻐하시며, 그 믿음을 인정해 주셨습니다. 여인이 예수님께 구한 것은 결코 부스러기 같은 작은 은혜가 아니었습니다. 하나님의 백성이 누릴 최고의 축복이었습니다.

긴박한 문제를 놓고 기도하다가 즉시 응답이 없다고 포기하지 말아야 합니다. 계속 구하고 찾고 두드려야 합니다. 예수님께 인정받는 믿음이 기적을 낳습니다. 기도는 한 사람의 인생을 바꿉니다. 우리도 이런 큰 믿음으로 기도하여 주님께 인정받아야 합니다.

예수님은 이방인에게도 차별 없이 은혜를 베푸시는 분입니다. 겨자씨만 한 작은 믿음으로 드리는 기도도 이루어 주십니다. 믿음의 기도는 좌절과 절망의 순간에도 끝까지 예수님을 바라보게 합니다. 예수님께 인정받은 기도는 반드시 응답을 받습니다. 우리도 믿음으로 낙심하지 말고 끝까지 기도해야 합니다.

말씀 행하기

묵상 질문

1. 언제 어떤 일로 예수님을 간절하게 찾았습니까?
2. 어떤 시험을 믿음으로 이겨냈습니까?
3. 흔들림 없는 믿음으로 나아가 주님께 인정받은 일에는 무엇이 있습니까?

삶에 적용하기

어려움 중에 있는 사람들을 돌보고 받은 은혜를 나누어 봅시다.

중보 기도 하나님 나라와 건강한 교회와 행복한 가정을 위해 기도합니다.
(나라와 민족, 담임목사와 교회, 선교사와 선교지, 속회원, 전도 대상 등 서로의 기도 제목을 나누고 함께 기도합니다.)

헌금/찬송 305장 나 같은 죄인 살리신

마침 기도 주님의 기도 (서로를 축복하며 삶의 자리로 나아갑니다.)

3.6

10과 교회의 기초가 된 믿음

한 주간의 삶 나누기	
조용한 기도	
찬송	210장 시온성과 같은 교회
기도	맡은 이
오늘의 말씀	마태복음 16장 13~20절
암송할 말씀	시몬 베드로가 대답하여 이르되 주는 그리스도시요 살아 계신 하나님의 아들이시니이다 (16)

말씀 나누기

예수님은 가이사랴 빌립보에서 제자들에게 "너희는 나를 누구라 하느냐?"라고 물으셨습니다. 베드로는 담대히 "주는 그리스도시요 살아 계신 하나님의 아들이십니다."라고 고백했습니다. 예수님은 이 고백 위에 당신의 교회를 세우겠다고 말씀하셨습니다. 베드로의 고백이 교회의 기초임을 분명히 가르치신 것입니다.

교회의 기초가 된 베드로의 신앙고백은 어떤 고백입니까?

첫째, 예수가 그리스도시라는 고백입니다(16절).

예수님이 가이사랴 빌립보에서 제자들에게 "사람들이 인자를 누구라 하느냐?"라고 물으셨습니다. 제자들은 세례 요한, 엘리야, 예레미야 등 선지자 중 한 사람으로 여긴다고 대답했습니다. 그러나 베드로는 "주는 그리스도시요 살아 계신 하나님의 아들이시니이다(16)."라고 고백하며, 예수님이 구원자이심을 선언했습니다. 이는 모든 성도가 가져야 할 신앙의 핵심으로, 예수님은 이 신앙고백 위에 당신의 교회를 세우겠다고 하셨습니다.

세상은 예수님에 대해 저마다의 관점으로 여러 해석을 내놓지만, 성경은 예수님이 하나님의 아들이시며 유일한 구원자이심을 분명히 증거합니다. 우리는 이 진리를 위해 부름받았습니다. 예수님이 참된 주님이요 구원자이심을 담대히 선포하며, 흔들리지 않는 믿음의 고백을 하며 살아가야 합니다.

둘째, 혈육을 뛰어넘는 고백입니다(17절).

예수님은 베드로에게 "바요나 시몬아 네가 복이 있도다 이를 네게 알게 한 이는 혈육이 아니요 하늘에 계신 내 아버지시니라(17)."고 말씀하셨습니다. 이는 베드로의 신앙고백이 인간의 지식이나 경험, 사람이 만든 전통에서 나온 것이 아니라, 하나님께서 직접 계시로 깨닫게 하신 은혜였음을 보여 줍니다. 신앙고백은 인간의 의지와 결단을 담은 반응이지만, 출발점은 언제나 하나님의 은혜입니다. 신앙인은 그 은혜에 감사함으로 반응해야 합니다. 이는 하늘 아버지께서 주시는 선물이기 때문입니다.

우리는 깨닫게 하신 은혜에 감사하며, 날마다 그것을 기억하며 살아야 합니다. 감사는 생각에 머무르지 않고 삶으로 이어져야 합니다. 곧 하나님의 뜻을 구하고, 말씀에 순종하며, 주님의 이름을 드러내는 삶으로 나타나야 합니다.

셋째, 주님의 교회가 서는 기초가 된 고백입니다(18~20절).

베드로의 신앙고백을 들으신 예수님은 당신의 교회를 반석 위에 세우겠다고 말씀하셨습니다. 여기서 '반석'은 베드로가 아니라, 그가 고백한 예수 그리스도에 대한 신앙고백을 의미합니다. 교회는 단순한 인간 조직이 아니라, 예수 그리스도를 머리로 하여 성령을 통해 세워진 신앙 공동체입니다. 예수님은 교회가 세상의 공격을 받더라도 음부의 권세가 이기지 못할 것이라고 단언하셨습니다. 이는 교회가 하나님의 보호 아래 있으며, 예수 그리스도를 주로 고백하는 성도들 가운데 성령께서 역사하신다는 의미입니다.

교회는 세상의 모임이 아니라, 하나님의 거룩한 공동체입니다. 우리에게는 주님의 교회를 더욱 견고히 세워가야 할 사명이 있습니다. 세상의 가치관과 논리에 흔들리지 말고, 믿음 위에 굳게 서서 예배와 섬김, 복음 전파를 통해 사명을 감당해야 합니다.

베드로의 신앙고백은 교회의 기초가 되는 믿음의 선언이며, 모든 성도가 가져야 할 신앙의 핵심입니다. 믿음은 인간의 지식이 아니라, 하나님의 은혜로 주어집니다. 이 은혜를 받은 우리도 예수가 그리스도요 살아 계신 하나님의 아들이심을 세상을 향해 담대히 고백하고, 그 고백 위에 교회를 든든히 세워가야 합니다.

말씀 행하기

묵상 질문

1. 나는 세상에서 예수님을 어떻게 고백하고 있습니까?
2. 하나님께서 깨닫게 하신 구원의 은혜는 무엇입니까?
3. 교회 공동체를 건강하게 세우기 위해 어떤 노력을 하고 있습니까?

삶에 적용하기

우리의 신앙이 단순한 지식이 아니라, 실제 삶에서 그리스도를 고백하는 믿음이 되도록 가족과 이웃에게 그리스도를 전해 봅시다.

중보 기도 하나님 나라와 건강한 교회와 행복한 가정을 위해 기도합니다.
(나라와 민족, 담임목사와 교회, 선교사와 선교지, 속회원, 전도 대상 등 서로의 기도 제목을 나누고 함께 기도합니다.)

헌금/찬송 96장 예수님은 누구신가

마침 기도 주님의 기도 (서로를 축복하며 삶의 자리로 나아갑니다.)

3.13

11과 손을 내미는 믿음

한 주간의 삶 나누기	
조용한 기도	
찬송	543장 어려운 일 당할 때
기도	맡은 이
오늘의 말씀	누가복음 8장 40~48절
암송할 말씀	이에 열두 해를 혈루증으로 앓는 중에 아무에게도 고침을 받지 못하던 여자가 예수의 뒤로 와서 그의 옷 가에 손을 대니 혈루증이 즉시 그쳤더라 (43~44)

말씀 나누기

예수님이 회당장 야이로의 병든 외동딸을 고치러 가시던 중이었습니다. 수많은 무리가 밀려들어 매우 혼잡한 와중에 12년 동안 혈루증을 앓고 있던 여인이 특별한 행동을 했습니다. 여인은 비록 율법적으로 부정하다고 낙인찍혀 예수님 앞에 직접 나와 치유의 은혜를 구할 수 없었지만, 믿음의 행동을 통해 고침받았습니다.

열두 해 동안 혈루증을 앓던 여인은 어떻게 고침받았습니까?

첫째, 믿는 마음으로 손을 내밀었습니다(40~44절).

회당장 야이로는 사람들 앞에서 자신의 처지를 밝히고, 예수님께 외동딸을 고쳐 달라고 간청했습니다. 예수님이 그의 집으로 가시는 길은 수많은 사람들로 몹시 붐볐습니다. 혈루증을 앓고 있던 여인은 부정하게 여기는 질병 때문에 야이로처럼 자신을 드러내놓고 간청할 수 없는 막막한 상황이었습니다. 그러나 여인은 포기하지 않았습니다. 그저 예수님의 옷자락만 만져도 병이 나으리라는 믿음으로 손을 내밀었습니다. 그 결과 마침내 그는 소원을 이루었습니다.

여인이 오랫동안 고통받던 병을 고침받을 수 있었던 것은 믿음으로 손을 뻗어 주님의 옷자락을 만졌기 때문입니다. 막막한 상황일수록 주님께로 나아가 손을 내밀어 주님을 붙잡는 믿음을 가져야 합니다.

둘째, 예수님의 능력을 받았습니다(45~46절).

여인은 예수님의 뒤로 가서 아무도 모르게 그분의 옷자락을 만졌습니다. 그 순간 예수님은 자신에게서 병 고침의 능력이 나갔음을 아시고, 누가 손을 댔는지 물으셨습니다. 제자들을 비롯해 그곳에 있던 모든 사람이 이 질문을 이상히 여겼습니다. 많은 무리가 몰려와서 서로 밀치는 바람에 누구든 예수님의 옷을 만질 수 있는 상황이었기 때문입니다. 그러나 예수님은 자신의 능력이 나간 것을 아셨고, 여인도 자신이 그 능력을 받은 줄 알았습니다. 부정한 여인은 믿음의 행동을 통해 주님의 치유의 능력을 받아 깨끗해졌습니다.

당시 사람들은 부정한 사람이 만지는 것은 부정해진다고 생각했습니다. 그러나 거룩하신 예수님을 만지는 자는 깨끗해지고 거룩해지는 치유의 능력을 입습니다. 믿음으로 주님의 옷자락을 만지는 자가 정결하게 되는 능력을 받습니다.

셋째, 두려움을 극복했습니다(47~48절).

예수님이 누가 자신에게 손을 댔는지 물으셨을 때, 여인은 두려움에 떨고 있었습니다. 자신이 은밀하게 행한 일과 자신에게 신비롭게 나타난 일이 예수님께 모두 발각되었기 때문입니다. 그러나 여인은 두려움에 떨고만 있지 않고 용기 있게 나와, 모든 사람 앞에서 예수님이 자신에게 행하신 병 고침의 기적을 증언했습니다. 예수님은 여인의 담대한 믿음의 고백을 들으시고는 "네 믿음이 너를 구원하였다."라며 모든 공로를 여인에게 돌려 주셨습니다.

여인의 믿음은 두려움을 극복하고 담대히 모든 사람 앞에 서는 믿음입니다. 우리는 어떤 어려운 일이 닥쳐도 낙심하지 않고 주님께로 담대히 나아가야 합니다. 주님의 전능하심을 믿을 때, 모든 두려움을 극복하고 승리할 수 있음을 잊지 말아야 합니다.

오랫동안 병으로 고통받던 여인에게 예수님은 마지막 소망이었습니다. 그는 자신의 처지를 사람들 앞에서 말할 수 없었지만, 은밀한 중에 나아가서 믿음으로 손을 뻗어 예수님의 옷자락을 만짐으로 고침을 받았습니다. 우리도 문제를 일일이 말할 수 없는 처지에 있더라도, 주님을 향해 믿음의 손을 내밀어야 합니다.

말씀 행하기

묵상 질문

1. 사람들에게 말하기 어려운 문제가 있을 때 어떻게 합니까?
2. 주님의 능력을 경험한 일에는 무엇이 있습니까?
3. 두려움을 극복하기 위해 어떤 말씀을 기억해야 합니까?

삶에 적용하기

믿음으로 기도하여 하나님의 능력으로 문제를 해결받은 경험에 대해 생각해 보고 함께 나누어 봅시다.

중보 기도 하나님 나라와 건강한 교회와 행복한 가정을 위해 기도합니다.
(나라와 민족, 담임목사와 교회, 선교사와 선교지, 속회원, 전도 대상 등 서로의 기도 제목을 나누고 함께 기도합니다.)

헌금/찬송 89장 샤론의 꽃 예수

마침 기도 주님의 기도 (서로를 축복하며 삶의 자리로 나아갑니다.)

3.20

12과 인생의 공허함을 해결한 믿음

한 주간의 삶 나누기

조용한 기도

찬송	90장 주 예수 내가 알기 전
기도	맡은 이
오늘의 말씀	누가복음 19장 1~10절
암송할 말씀	예수께서 이르시되 오늘 구원이 이 집에 이르렀으니 이 사람도 아브라함의 자손임이로다 (9)

말씀 나누기

삭개오는 여리고의 세리장이고 부자였습니다. 그는 예수님이 여리고를 찾으셨을 때, 간절히 만나기를 원했습니다. 그러나 너무 많은 사람이 모여든 데다 그들보다 키까지 작으니 그분의 얼굴을 보기조차 어려웠습니다. 그는 체면을 무릅쓰고 돌무화과나무 위로 올라갔습니다. 세상이 부러워할 만큼 성공했지만, 인생의 공허함을 해결할 길이 없었기 때문입니다.

삭개오는 인생의 공허함을 어떻게 해결했습니까?

첫째, 예수님을 찾았습니다(1~5절).

예수님이 여리고를 찾으셨을 때, 삭개오는 그분을 만나기 위해 황급히 달려갔습니다. 그러나 예수님 곁에 사람들이 많아 앞으로 더 다가갈 수가 없었습니다. 삭개오는 어린아이처럼 돌무화과나무 위로 올라갔습니다. 여리고의 세리장이라는 지위와 체면은 중요하지 않았습니다. 예수님이 자기 마음의 공허함을 해결해 주시리라 믿었기 때문입니다. 결국 삭개오는 자기를 먼저 알아보시고 자신의 이름을 불러 주시는 예수님을 만나게 되었습니다.

예수님은 나를 잘 아십니다. 어린아이처럼 예수님을 찾으면, 나보다 나를 더 잘 아시는 예수님을 만나게 됩니다. 그러므로 마음이 지치고 허전할 때, 예수님을 찾아야 합니다. 예수님을 찾을 때, 마음의 공허함이 온전히 해결됩니다.

둘째, 예수님을 즐겁게 영접했습니다(6~7절).

예수님이 이름을 불러 주시자 삭개오는 지체하지 않고 나무에서 내려왔습니다. 자기 이름을 불러 주신 사실이 너무 기뻐서 예수님을 집으로 영접했습니다. 이를 보고 사람들은 예수님이 죄인의 집에 들어가셨다고 조롱했습니다. 그러나 예수님은 삭개오를 가리켜 '아브라함의 자손'이라고 칭찬해 주셨습니다.

예수님은 한 사람의 죄인이라도 예수님께로 돌아오는 것을 기뻐하십니다. 잃어버린 영혼을 찾으러 이 땅에 오셨기 때문입니다. 삭개오는 예수님을 만난 후 잃었던 삶의 기쁨을 되찾았습니다. 이처럼 예수님을 마음의 주인으로 즐거이 영접할 때, 이전에는 알 수 없었던 기쁨이 마음에 가득해집니다.

셋째, 삶의 목적을 바꾸었습니다(8~10절).

삭개오는 예수님을 만난 후 소유의 절반을 가난한 자들에게 주겠다고 선언했습니다. 또 만일 남을 속여 빼앗은 것이 있다면 네 배로 갚겠다고 했습니다. 여리고의 세리장 삭개오는 인생의 목적을 성공과 물질에 두고 살아온 사람입니다. 물질과 성공만이 인생에 찾아드는 공허함과 허무함을 해결해 주리라 믿고 살았습니다. 그랬던 삭개오가 예수님을 만난 후 자기 재산을 가난한 사람들에게 나눠 주고, 강제로 취한 돈이 있다면 네 배로 갚겠다고 결단했습니다. 이는 삶의 목적이 세상에서 예수님으로 바뀌었음을 보여 줍니다.

성공이나 물질이 아니라 예수님만이 삶의 목적이어야 합니다. 인생의 목적이 예수님일 때, 우리는 잃었던 기쁨을 회복할 수 있습니다.

인생에 찾아드는 공허함은 세상의 어떤 것으로도 해결할 수 없습니다. 물질과 성공으로는 공허한 마음을 채울 수 없습니다. 오직 인생의 참된 목적인 예수님으로 마음을 채울 때, 예수님을 인생의 전부로 삼을 때, 공허함에 사로잡혀 살지 않게 됩니다.

말씀 행하기

묵상 질문

1. 예수님을 찾아 어떤 위로를 받았습니까?
2. 예수님을 영접했을 때 받은 은혜는 무엇입니까?
3. 삶의 목적이 바뀌었던 때는 언제입니까?

삶에 적용하기

한 주간 마음이 힘들고 어려울 때마다 예수님의 이름을 간절히 부르고, 받은 은혜를 나누어 봅시다.

중보 기도 하나님 나라와 건강한 교회와 행복한 가정을 위해 기도합니다.
(나라와 민족, 담임목사와 교회, 선교사와 선교지, 속회원, 전도 대상 등 서로의 기도 제목을 나누고 함께 기도합니다.)

헌금/찬송 94장 주 예수보다 더 귀한 것은 없네

마침 기도 주님의 기도 (서로를 축복하며 삶의 자리로 나아갑니다.)

3.27

13과 니고데모의 믿음

한 주간의 삶 나누기	
조용한 기도	
찬송	288장 예수를 나의 구주 삼고
기도	맡은 이
오늘의 말씀	요한복음 3장 1~15절
암송할 말씀	예수께서 대답하시되 진실로 진실로 네게 이르노니 사람이 물과 성령으로 나지 아니하면 하나님의 나라에 들어갈 수 없느니라(5)

말씀 나누기

유대인의 지도자인 니고데모는 예수님께 영원한 생명의 길이 어떤 것인지를 물었습니다. 예수님은 영생을 위해서는 근본적인 삶의 변화가 있어야 함을 가르치셨습니다. 영생이 단순한 종교 지식이나 행위를 넘어서는 것임을 말씀하셨습니다. 니고데모는 예수님의 말씀을 통해 영생의 길을 깨닫게 되었습니다.

니고데모가 영생을 얻은 믿음은 무엇입니까?

첫째, 물과 성령으로 거듭나야 합니다(1~8절).

예수님은 니고데모에게 사람이 거듭나지 않으면 하나님의 나라를 볼 수 없다고 말씀하셨습니다. 물과 성령으로 나는 것, 즉 영적 변화임을 설명하신 것입니다. 그러나 니고데모는 이 말씀을 육체적으로만 이해하여 너무나 혼란스러웠습니다.

영생을 얻기 위해서는 근본적인 변화인 거듭남이 필요합니다. 물은 세례를 통한 죄의 씻음을, 성령은 하나님의 능력으로 말미암은 내적 변화를 상징합니다. 거듭남은 사람의 노력으로 이루어지는 것이 아니라, 하나님의 은혜로 주어지는 것입니다. 영생을 얻는 믿음은 종교적 행위나 지식을 넘어서는 완전한 변화를 뜻합니다. 우리도 영생의 믿음을 깨닫고 물과 성령으로 거듭나야 합니다.

둘째, 하늘의 일을 믿어야 합니다(9~12절).

예수님은 땅의 일과 하늘의 일을 대비시키시며, 영생을 얻기 위해서는 하늘의 일을 믿어야 한다고 가르치셨습니다. 그러나 니고데모는 처음에 자기 지식과 경험으로 예수님의 가르침을 이해하려 했습니다. 예수님은 그에게 하나님 나라의 일은 사람의 생각이나 경험을 뛰어넘어야 함을 깨닫게 하셨습니다.

땅의 일은 사람의 경험과 이해를 의미하고, 하늘의 일은 사람의 지혜로는 완전히 이해할 수 없는 하나님의 계획과 뜻을 가리킵니다. 영생을 얻는 믿음은 사람의 이성적 이해나 경험적 지식이 아니라, 하나님의 계시를 받아들이는 영적 태도를 취하는 것입니다. 그러므로 자기의 한계를 분명히 인정하고 하나님의 역사를 믿는 사람이 영생을 얻습니다.

셋째, 십자가에 달리신 예수님을 믿어야 합니다(13~15절).

예수님은 니고데모에게 구원을 얻기 위해서는 인자가 들려야 함을 말씀하셨습니다. 영생을 얻는 믿음은 예수님의 십자가 죽음과 부활, 곧 예수 그리스도의 영원한 사랑에서 비롯됨을 알려 주셨습니다. 예수님은 이를 광야에서 모세가 든 놋뱀에 비유하셨습니다. 이스라엘 백성이 놋뱀을 바라봄으로 치유를 받았듯이, 모든 사람은 십자가에 달리신 예수님을 믿음으로 영생을 얻습니다.

구원은 인간의 행위나 공로가 아닌, 오직 그리스도의 대속의 죽음을 통해 이루어집니다. 영생을 얻는 믿음의 대상은 예수 그리스도입니다. 영원한 생명은 우리의 행위로 얻어지는 것이 아니라, 그리스도의 십자가 은혜를 믿음으로써 받게 되는 선물입니다. 영원한 생명을 얻으려면 오직 예수 그리스도를 나의 구원자로 믿고 고백해야 합니다.

니고데모는 예수님을 만나 영원한 생명의 길을 알게 되었습니다. 구원과 영생은 사람의 열심과 노력으로 불가능하다는 사실을 깨달았습니다. 오직 예수 그리스도를 믿고 거듭나지 않으면 결코 영생을 얻을 수 없습니다. 우리 안에도 하나님의 은혜와 성령의 역사로 거듭나는 믿음이 언제나 든든히 뿌리내려 있어야 합니다.

말씀 행하기

묵상 질문

1. 예수님을 믿고 나서 어떤 것들이 변화되었습니까?
2. 세상 일과 하나님 일의 차이는 무엇이라고 생각합니까?
3. 십자가를 바라보면 어떤 생각이 듭니까?

삶에 적용하기

영원한 생명을 얻은 기쁨을 서로 고백하고 나누어 봅시다.

중보 기도 하나님 나라와 건강한 교회와 행복한 가정을 위해 기도합니다.
(나라와 민족, 담임목사와 교회, 선교사와 선교지, 속회원, 전도 대상 등 서로의 기도 제목을 나누고 함께 기도합니다.)

헌금/찬송 197장 은혜가 풍성한 하나님은

마침 기도 주님의 기도 (서로를 축복하며 삶의 자리로 나아갑니다.)

4·3

부활주일

14과 의심에서 믿음으로

한 주간의 삶 나누기

조용한 기도

찬송 165장 주님께 영광

기도 맡은 이

오늘의 말씀 요한복음 20장 24~29절

암송할 말씀 도마에게 이르시되 네 손가락을 이리 내밀어 내 손을 보고 네 손을 내밀어 내 옆구리에 넣어 보라 그리하여 믿음 없는 자가 되지 말고 믿는 자가 되라 (27)

말씀 나누기

안식 후 첫날 저녁에 부활하신 예수님이 두려워하고 있는 제자들을 찾아와 손과 옆구리를 보여 주셨습니다. 그곳에 있던 이들에게는 평화가 찾아왔고 기쁨으로 가득 찼습니다. 제자들은 부활하신 예수님을 믿게 되었지만, 그 자리에 없었던 도마는 주님의 부활을 의심했습니다.

도마의 의심은 어떻게 믿음으로 변화되었습니까?

첫째, 실제 경험을 갈망했습니다(24~25절).

다른 제자들이 디두모, 즉 쌍둥이라고 불리는 도마에게 찾아와 부활하신 주님을 보았다고 알렸습니다. 그러나 그 자리에 없었던 도마는 그 말을 믿지 못했습니다. 도마는 예수님의 손에 있는 못 자국을 직접 보고, 자기 손가락을 거기에 넣은 다음에야 믿겠노라고 했습니다. 또한 예수님의 옆구리에 손을 넣어 보지 않으면 절대 믿지 않을 것이라고 했습니다.

도마는 예수님이 다시 사셨다는 소문만 듣고 무조건 믿기보다는 실제 경험을 통한 확실한 증거를 원했습니다. 예수님의 부활을 믿기 위해 주님을 직접 보기를 원했습니다. 우리도 확실한 믿음을 갖기 위해 배우고 익힌 지식이나 전해 들은 이야기가 아니라, 삶에서 하나님을 인격적으로 만나기를 갈망해야 합니다.

둘째, 부활하신 예수님을 만났습니다(26~27절).

여드레 후에 제자들이 다시 모였습니다. 이번에는 도마도 함께였습니다. 문이 굳게 닫혀 있었지만, 예수님께서 그들 가운데 나타나 "너희에게 평강이 있을지어다."라고 말씀하셨습니다. 그리고 도마에게 "네 손가락을 이리 내밀어 내 손을 만져 보고, 네 손을 내 옆구리에 넣어 보아라. 이제는 더 이상 의심하지 말고 믿어라."고 말씀하셨습니다.

도마는 부활하신 예수님을 만나기 전까지 여전히 의심 속에 있었습니다. 예수님은 그런 도마를 찾아와 주셨고, 그가 믿을 수 있도록 직접 경험하게 하셨습니다. 우리도 신앙이 흔들릴 때가 있습니다. 하지만 예수님은 그런 우리를 외면하지 않으시고, 다시 찾아와 믿음을 세워 주십니다. 그러므로 흔들리지 않는 믿음의 삶을 살기 위해 우리는 부활하신 주님을 만나는 은혜를 입어야 합니다.

셋째, 예수님을 나의 하나님으로 고백했습니다(28~29절).

도마는 예수님을 만난 후 '나의 주님, 나의 하나님'이라고 고백했습니다. 그러자 예수님은 "너는 나를 직접 보고서야 믿었지만, 보지 않고도 믿는 사람에게는 복이 있다."라고 말씀하셨습니다. 도마의 고백은 예수님을 단순한 선생님이 아니라, 자신의 주인이며 완전한 하나님으로 인정하는 것입니다. 이처럼 도마는 부활하신 예수님을 직접 만난 후 확실한 신앙고백을 하게 되었습니다.

보지 않고 믿는 자가 복되다는 예수님의 말씀을 통해 신앙은 우리의 지식과 경험을 뛰어넘어 하나님의 말씀을 믿는 믿음으로 세워지는 것임을 깨달을 수 있습니다. 우리 역시 예수님을 직접 본 적은 없지만, 하나님의 말씀을 믿음으로써 부활의 예수님을 '나의 주님, 나의 하나님'으로 고백해야 합니다.

신앙생활을 하면서 때로는 의심이 생길 수 있습니다. 그러나 예수님은 그런 우리를 외면하지 않고 찾아와 주셔서 흔들리지 않는 믿음을 갖도록 도와주십니다. 부활하신 예수님을 인격적으로 만나면 '나의 주님, 나의 하나님'이라는 확실한 믿음의 고백을 할 수 있습니다.

말씀 행하기

묵상 질문

1. 예수님을 깊이 경험하기 위해 어떤 노력을 하고 있습니까?
2. 의심의 순간에 찾아와 주신 예수님을 만난 경험이 있습니까? 언제였습니까?
3. 나는 부활하신 예수님을 어떻게 고백하고 있습니까?

삶에 적용하기

아직 복음을 받아들이지 못한 이들을 위해 기도하고, 내가 만난 부활의 주님을 전해 봅시다.

중보 기도 하나님 나라와 건강한 교회와 행복한 가정을 위해 기도합니다.
(나라와 민족, 담임목사와 교회, 선교사와 선교지, 속회원, 전도 대상 등 서로의 기도 제목을 나누고 함께 기도합니다.)

헌금/찬송 171장 하나님의 독생자

마침 기도 주님의 기도 (서로를 축복하며 삶의 자리로 나아갑니다.)

4.10

15과 여호와 닛시

한 주간의 삶 나누기

조용한 기도

찬송 360장 행군 나팔 소리에

기도 맡은 이

오늘의 말씀 출애굽기 17장 8~16절

암송할 말씀 모세가 제단을 쌓고 그 이름을 여호와 닛시라 하고 이르되 여호와께서 맹세하시기를 여호와가 아말렉과 더불어 대대로 싸우리라 하셨다 하였더라 (15~16)

말씀 나누기

이스라엘 백성은 하나님의 은혜로 애굽에서 나왔습니다. 그러나 하나님에 대한 불신앙 때문에 광야 생활을 해야 했습니다. 광야는 환경적으로 매우 열악하고 살아가기 힘겨운 곳이었습니다. 이스라엘을 공격하는 이방 민족들도 있었습니다. 하지만 하나님은 놀라운 방법으로 이 모든 어려움을 이기게 하셨습니다.

하나님이 주시는 승리를 경험하려면 어떻게 해야 합니까?

첫째, 기도의 자리로 나아가야 합니다(8~9절).

아말렉 사람들이 르비딤에 장막을 친 이스라엘 백성을 공격했습니다. 모세는 여호수아를 불러 백성 가운데서 장정들을 선발해 아말렉과 싸우라고 명령했습니다. 그러면서 모세 자신은 하나님의 지팡이를 손에 들고 산꼭대기에 서겠다고 했습니다. 아말렉의 공격이 있기 전에 이스라엘 백성은 물이 없다는 이유로 하나님을 원망했습니다. 하나님은 모세에게 나일강을 치던 지팡이를 손에 들고 가서 호렙산에 있는 반석을 치라고 명하셨습니다. 모세가 그대로 행하자 그곳에서 물이 나왔습니다. 모세가 그 지팡이를 손에 들고 산꼭대기에 섰다는 것은 하나님의 능력을 믿으며 하나님 앞에 기도로 나아갔다는 뜻입니다.

우리도 전쟁터 같은 세상에서 하나님이 주시는 승리를 경험하려면, 능력의 하나님을 기억하며 믿음으로 기도의 자리로 나아가야 합니다.

둘째, 믿음의 동역자를 세워야 합니다(10~13절).

여호수아는 모세의 명령대로 아말렉과 싸우러 나갔습니다. 모세는 산꼭대기로 올라갔습니다. 모세는 혼자가 아니었습니다. 모세 옆에는 아론과 훌이 있었습니다. 모세가 손을 들어 기도하면 이스라엘이 이기고, 손을 내리면 아말렉이 이겼습니다. 그러자 아론과 훌은 돌을 가져다가 모세를 앉게 하고, 양쪽에서 그의 두 팔을 한쪽씩 붙들어 올렸습니다. 아론과 훌의 섬김으로 모세의 팔은 해가 질 때까지 들려 있었습니다. 그 결과 여호수아가 이끄는 이스라엘은 완전한 승리를 얻었습니다.

우리에게도 아론과 훌 같은 믿음의 동역자가 있어야 합니다. 서로를 위해 믿음으로 돕는 동역자를 세워서, 하나님을 향한 기도의 손이 내려오지 않게 해야 합니다.

셋째, 하나님이 승리하게 하셨음을 기억해야 합니다(14~16절).

아말렉을 무찌른 후에 하나님은 모세에게 이것을 책에 기록하여 기념하게 하고, 잊지 않도록 여호수아의 귀에 외워 듣게 하라고 말씀하셨습니다. 모세는 그곳에 제단을 쌓고 '여호와 닛시'라고 부르며, 하나님께서 아말렉을 대적해서 대대로 싸워 주겠다고 약속하셨음을 알렸습니다.

하나님은 기도에 응답하셔서 이스라엘 백성을 위해 싸워 이기게 하셨습니다. 그리고 이 일을 책에 기록하고, 앞으로 백성을 이끌어갈 여호수아가

듣게 하라고 명하셨습니다. 이는 이스라엘 백성이 그 모든 일을 대대로 기억하기를 원하셨기 때문입니다. 모세는 하나님의 뜻을 알고 말씀에 순종했을 뿐만 아니라, 하나님의 응답을 기억하기 위해 제단을 쌓고 '여호와 닛시'라고 명명했습니다. 우리도 하나님이 승리하게 하신 일을 기억하는 성도가 되어야 합니다.

하나님이 주시는 승리를 경험하며 살아가려면, 기도의 자리를 끝까지 굳건히 지켜야 합니다. 기도의 자리를 지키기 위해 우리는 서로에게 기도의 동역자가 되어 주어야 합니다. 하나님은 범사에 기도하는 사명을 충실히 감당하는 성도들과 함께하시며 놀라운 승리를 주십니다.

말씀 행하기

묵상 질문

1. 하나님이 우리에게 명하신 기도의 자리는 어디입니까?
2. 나의 기도의 동역자는 누구입니까?
3. 하나님이 내게 주신 승리에는 어떤 것이 있습니까?

삶에 적용하기

힘든 삶의 문제를 만난 성도들을 돕기 위해 기도의 동역자를 세우는 방법을 나누고 실천해 봅시다.

중보 기도 하나님 나라와 건강한 교회와 행복한 가정을 위해 기도합니다.
(나라와 민족, 담임목사와 교회, 선교사와 선교지, 속회원, 전도 대상 등 서로의 기도 제목을 나누고 함께 기도합니다.)

헌금/찬송 364장 내 기도하는 그 시간

마침 기도 주님의 기도 (서로를 축복하며 삶의 자리로 나아갑니다.)

4.17

16과 끝까지 지켜내는 믿음

한 주간의 삶 나누기

조용한 기도

찬송	540장 주의 음성을 내가 들으니
기도	맡은 이
오늘의 말씀	다니엘 1장 8~21절
암송할 말씀	다니엘은 뜻을 정하여 왕의 음식과 그가 마시는 포도주로 자기를 더럽히지 아니하리라 하고 자기를 더럽히지 아니하도록 환관장에게 구하니 (8)

말씀 나누기

유다 왕 여호야김 시대에 바벨론 왕 느부갓네살이 유다를 침략해 예루살렘을 함락하고, 왕과 함께 많은 귀족과 젊은이들을 포로로 붙잡아갔습니다. 이때 다니엘과 그의 세 친구도 바벨론으로 끌려갔습니다. 다니엘은 혹독한 포로 생활 중에도 하나님을 신뢰하고, 끝까지 믿음을 지키며, 삶으로 하나님의 영광을 나타냈습니다.

다니엘은 끝까지 믿음을 지키기 위해 어떻게 했습니까?

첫째, 뜻을 정했습니다(8절).

다니엘은 바벨론 왕이 내린 음식과 포도주로 자신을 더럽히지 않겠다고 뜻을 정했습니다. 이는 믿음을 지키려는 결단이었습니다. 당시 바벨론 왕의 음식은 이방 신에게 드려졌던 것이기에, 이를 먹는 것은 하나님이 이스라엘 백성에게 금하신 일이었습니다. 그러므로 다니엘의 결단은 단지 음식에 대한 거부가 아니라, 바벨론의 문화와 세상 가치관에 타협하지 않겠다는 선언이었습니다.

다니엘은 세상 유혹이 아니라, 하나님의 뜻을 따르겠다고 결단했습니다. 사도 바울도 성도들에게 이를 명확히 가르쳤습니다. "너희는 이 세대를 본받지 말고 오직 마음을 새롭게 함으로 변화를 받아 하나님의 선하시고 기뻐하시고 온전하신 뜻이 무엇인지 분별하도록 하라(롬 12:2)." 세상 유혹과 타협하지 않고 세상을 본받아 살지 않겠다는 확고한 뜻을 정해야 믿음을 지킬 수 있습니다.

둘째, 담대하게 행동했습니다(9~16절).

다니엘은 바벨론 왕이 내린 음식을 먹지 않겠다고 결단하고 환관장 아스부나스에게 이를 알렸습니다. 하지만 환관장은 자신의 안위를 염려하며 받아들이지 않았습니다. 다니엘은 뜻을 굽히지 않았습니다. 왕이 내린 음식 대신 채소와 물만 먹겠으니, 10일 후에 자기 모습이 어떤지 확인해 달라고 부탁했습니다.

포로 신분의 다니엘이 왕이 내린 음식을 거부하겠다고 선언하는 것은 생명을 거는 일이었습니다. 하지만 그는 믿음으로 과감하고 담대하게 행했습니다. 하나님은 "강하고 담대하라 두려워하지 말며 놀라지 말라 네가 어디로 가든지 네 하나님 여호와가 너와 함께 하느니라(수 1:9)."고 말씀하셨습니다. 하나님이 지금도 우리와 함께하십니다. 이 변함없는 진리를 기억하며 어떤 어려움 앞에서도 담대히 행하는 사람이 믿음을 지킬 수 있습니다.

셋째, 하나님의 지혜를 받았습니다(17~21절).

하나님은 다니엘과 세 친구들에게 학문과 그 밖의 모든 것을 통달할 지혜와 지식을 주셨습니다. 특별히 다니엘에게는 꿈과 환상을 해석하는 지혜도 주셨습니다. 바벨론 왕은 하나님의 지혜를 받은 그들이 바벨론의 지혜자들보다 10배는 더 낫다는 사실을 인정할 수밖에 없었습니다. 다니엘은 하나님께서 주신 지혜와 능력으로 바벨론에서 끝까지 믿음을 지키며, 매일의 삶으로 하나님의 영광을 나타냈습니다.

하나님은 믿음을 지키기로 결단하고 담대히 행하는 사람에게 필요한 지혜와 능력을 주십니다. 야고보 사도는 "누구든지 지혜가 부족하거든 모든 사람에게 후히 주시고 꾸짖지 아니하시는 하나님께 구하라 그리하면 주시리라(약 1:5)."고 했습니다. 우리도 믿음을 지키기로 결단하고 기도함으로 하나님이 주시는 지혜를 받아야 합니다.

끝까지 믿음을 지키려면 하나님 뜻대로 살겠다는 결단을 해야 합니다. 어떤 어려움이 있어도 믿음으로 담대히 나아가야 합니다. 믿음을 지키는 일은 어렵지만, 하나님은 우리가 믿음을 지킬 때 우리에게 필요한 지혜를 주시고 끝까지 우리와 함께하십니다.

말씀 행하기

묵상 질문

1. 믿음을 지키기 위해 어떤 결단들을 내려 보았습니까?
2. 믿음으로 담대하게 행동했던 일에는 무엇이 있습니까?
3. 기도함으로 얻은 지혜에는 어떤 것이 있습니까?

삶에 적용하기

끝까지 믿음을 지키고 하나님 뜻대로 살아가기 위해 할 수 있는 일이 무엇인지 나누고 실천해 봅시다.

중보 기도 하나님 나라와 건강한 교회와 행복한 가정을 위해 기도합니다.
(나라와 민족, 담임목사와 교회, 선교사와 선교지, 속회원, 전도 대상 등 서로의 기도 제목을 나누고 함께 기도합니다.)

헌금/찬송 542장 구주 예수 의지함이

마침 기도 주님의 기도 (서로를 축복하며 삶의 자리로 나아갑니다.)

4.24

17과 홍해를 건너는 믿음

한 주간의 삶 나누기

조용한 기도

찬송	357장 주 믿는 사람 일어나
기도	맡은 이
오늘의 말씀	출애굽기 14장 1~31절
암송할 말씀	모세가 백성에게 이르되 너희는 두려워하지 말고 가만히 서서 여호와께서 오늘 너희를 위하여 행하시는 구원을 보라 너희가 오늘 본 애굽 사람을 영원히 다시 보지 아니하리라 (13)

말씀 나누기

노예로 살던 이스라엘은 모세의 인도로 애굽을 탈출했습니다. 하지만 얼마 후 그들은 뒤따라오는 바로의 군대와 앞을 가로막은 홍해를 보고는 두려워하며 모세를 원망했습니다. 홍해는 이스라엘 사람들의 믿음을 시험하는 장소였습니다. 그들은 믿음으로 홍해를 통과함으로 하나님이 행하시는 구원을 경험했습니다.

모세는 이스라엘 백성을 어떻게 인도했습니까?

첫째, 하나님의 인도하심을 따라갔습니다(1~12절).

이스라엘 백성을 이끌고 나아가던 모세가 하나님의 명령대로 바닷가에 진을 쳤습니다. 그곳은 바다와 믹돌 사이에 있는 바알스본 맞은편 바닷가였습니다. 바로 왕은 선발된 병거 600대와 애굽의 모든 병거부대를 동원해서 이스라엘 백성을 추격해 왔습니다. 모세와 이스라엘 백성은 진퇴양난으로 갇힌 꼴이 되고 말았습니다. 그러자 백성은 두려워하며 "애굽에 매장지가 없어서 우리를 이 광야에서 죽게 하느냐."라고 소리치며 모세를 원망했습니다. 그러나 그 위기의 순간에도 모세는 하나님의 인도하심을 믿었습니다.

하나님은 위기를 기회로 바꾸어 주시는 분입니다. 우리도 홍해 같은 어렵고 막막한 문제로 앞길이 가로막힐 때가 있습니다. 하지만 그 순간에도 하나님의 인도하심을 믿고 따라가면 막혔던 길이 열리는 은혜를 경험하게 됩니다.

둘째, 하나님을 신뢰하며 기다렸습니다(13~16절).

모세는 두려워하는 이스라엘 백성에게 "너희는 가만히 서서 여호와께서 행하시는 구원을 보라."고 말했습니다. 이스라엘 백성은 조급해했지만, 모세는 하나님의 때를 기다렸습니다. 하나님께서 일하실 것을 바라보는 소망 안에서 모든 것을 그분께 맡겼습니다. 하나님은 모세에게 "지팡이를 들고 손을 바다 위로 내밀어 그것이 갈라지게 하라."고 명하셨습니다. 모세가 그대로 하자 바다가 마른 땅처럼 갈라졌습니다. 하나님은 홍해를 마른 땅처럼 건너가도록 새 길을 열어 주셨습니다.

하나님은 우리를 위해 싸워 주시는 분입니다. 그러므로 어려움 앞에서도 하나님의 인도하심을 믿으며 주님의 행하심을 바라고 기다려야 합니다.

셋째, 하나님의 기적으로 구원받았습니다(21~31절).

하나님은 모세가 말씀에 순종해 바다 위로 손을 내밀자 밤새도록 큰 동풍을 일으켜 바닷물이 갈라지게 하셨습니다. 바다가 갈라져 좌우에 물 벽이 생기고, 바다 가운데가 마른 땅처럼 열리는 기적을 베풀어 주셨습니다. 홍해의 기적은 새벽에 일어났습니다. 이스라엘 백성은 마른 땅을 지나듯 바다를 건너가고, 애굽의 전차부대는 바다에 수장되었습니다. 백성은 하나님이 행하신 기적을 보고, 구원을 베풀어 주시는 여호와와 그 종 모세를 믿게 되었습니다.

홍해를 건넌 모세는 지팡이를 들고 "여호와는 나의 힘이요 노래시며 나의 구원이시로다(출 15:2)."라고 노래했습니다. 하나님의 기적을 경험한 사람은 하나님을 찬양합니다. 당신의 백성을 위해 기적을 행하고 구원을 이루시는 하나님은 찬양받기에 합당하신 분입니다.

이스라엘 백성은 두려움과 원망 속에서도 말씀을 따라 홍해를 건넘으로 진정한 하나님의 백성으로 변화되었습니다. 하나님의 백성이 믿음으로 순종할 때, 바다가 갈라지고 구원의 길이 열립니다. 하나님은 당신이 행하실 일을 믿고 순종하는 이들에게 언제나 새로운 길을 허락해 주십니다.

말씀 행하기

묵상 질문

1. 최근에 경험한 진퇴양난의 위기는 무엇이었습니까?
2. 주님의 인도하심을 따라 결정한 일에는 무엇이 있습니까?
3. 주중에 경험한, 주님을 찬양할 일은 무엇이었습니까?

삶에 적용하기

질병으로 고생하거나 삶의 위기를 만난 사람들을 찾아가 함께 기도하며 돌볼 일을 찾아봅시다.

중보 기도 하나님 나라와 건강한 교회와 행복한 가정을 위해 기도합니다.
(나라와 민족, 담임목사와 교회, 선교사와 선교지, 속회원, 전도 대상 등 서로의 기도 제목을 나누고 함께 기도합니다.)

헌금/찬송 432장 큰 물결이 설레는 어둔 바다

마침 기도 주님의 기도 (서로를 축복하며 삶의 자리로 나아갑니다.)

5.1

18과 믿음의 눈으로

한 주간의 삶 나누기

조용한 기도

찬송	347장 허락하신 새 땅에
기도	맡은 이
오늘의 말씀	민수기 14장 1~10절
암송할 말씀	이스라엘 자손의 온 회중에게 말하여 이르되 우리가 두루 다니며 정탐한 땅은 심히 아름다운 땅이라 (7)

말씀 나누기

모세는 하나님의 명령대로 12명의 정탐꾼을 가나안 땅으로 보냈습니다. 40일 후, 10명의 정탐꾼은 그곳의 강한 군사력과 견고한 성읍을 두려워하며 부정적인 보고를 했습니다. 그러나 여호수아와 갈렙은 믿음의 눈으로 가나안을 바라보며, 하나님이 함께하시면 반드시 그 땅을 차지할 수 있다고 확신했습니다.

믿음의 눈으로 세상을 바라보려면 어떻게 해야 합니까?

첫째, 하나님의 약속을 믿어야 합니다(1~3절).

정탐꾼들의 부정적인 보고를 들은 이스라엘 백성은 밤새 울며 원망했습니다. 모세와 아론을 비난하며, 차라리 애굽에서 죽거나 광야에서 죽는 것이 나았을 것이라고 불평했습니다. 또한 하나님께서 자신들을 가나안 땅에서 적들에게 넘기실 것이라고 두려워하며, 애굽으로 돌아가자고 소리쳤습니다. 하나님은 이미 그들에게 가나안을 주겠다고 약속하셨지만, 백성은 믿지 못한 채 두려움에 빠졌습니다.

하나님의 약속을 신뢰하지 않으면 환경과 상황에 쉽게 흔들릴 수밖에 없습니다. 신앙생활을 하다가 어려움을 만나면 하나님의 약속을 더욱 확신하며 바라보아야 합니다. 하나님은 우리와 함께하시며, 우리가 믿음으로 나아갈 때 약속을 성취하십니다. 그러므로 하나님의 신실하심을 신뢰하며, 상황이 아니라 말씀을 믿고 나아가야 합니다.

둘째, 믿음으로 두려움을 이겨야 합니다(4~8절).

두려움에 사로잡힌 이스라엘 백성은 지도자를 세워 애굽으로 돌아가자고 아우성을 쳤습니다. 이에 모세와 아론은 엎드려 하나님께 간구했습니다. 여호수아와 갈렙은 옷을 찢으며 하나님께서 함께하시면 반드시 그 땅을 차지할 것이니, 두려움에 사로잡혀 하나님을 거역하지 말라고 백성을 설득했습니다. 눈앞의 현실보다 하나님의 약속을 더 크게 바라보라고 권면했습니다.

두려움이 엄습해 올 때, 우리는 눈을 들어 더욱 믿음으로 반응해야 합니다. 아무리 상황이 어려워도 하나님이 함께하시면 능히 극복할 수 있습니다. 믿음은 두려움을 이기는 힘이며, 하나님을 신뢰하는 자는 결코 흔들리지 않습니다. 두려움을 이기기 위해 믿음으로 하나님만 바라보며 나아가야 합니다.

셋째, 승리는 하나님께 속해 있음을 확신해야 합니다(9~10절).

여호수아와 갈렙은 가나안 주민들을 두려워하는 이스라엘 백성에게 간절히 외쳤습니다. "그들은 우리의 먹이라 그들의 보호자는 그들에게서 떠났고 여호와는 우리와 함께 하시느니라 그들을 두려워하지 말라(9)." 그러나 백성은 오히려 그들을 돌로 치려 했습니다. 그 순간 하나님의 영광이 회막에 나타났습니다.

두려움에 사로잡힌 사람은 믿음의 말을 거부하기 쉽습니다. 그러나 진정한 승리는 인간의 힘이 아니라, 하나님의 능력에 달려 있습니다. 하나님은 당신을 신뢰하는 사람에게 반드시 승리를 허락하십니다. 신앙의 삶에도 수많은 어려움이 있습니다. 그때 진정한 승리는 내 힘이나 노력이 아닌 하나님의 손에 달려 있음을 기억하며 믿음으로 하나님께로 나아가야 합니다.

이스라엘 백성은 두려움에 휩싸여 하나님의 약속을 보지 못했지만, 여호수아와 갈렙은 믿음으로 승리를 확신했습니다. 우리도 믿음의 눈으로 하나님의 약속을 바라보아야 합니다. 신실하신 하나님은 믿음으로 나아가는 자들에게 승리를 주십니다. 두려움을 극복하고 믿음으로 나아갈 때, 하나님께서 친히 인도하고 역사하십니다.

말씀 행하기

묵상 질문

1. 두려움 때문에 하나님의 약속을 놓친 적이 있습니까? 언제였습니까?
2. 믿음의 눈으로 두려움을 극복한 일에는 무엇이 있습니까?
3. 하나님이 주시는 능력으로 승리한 일에는 어떤 것이 있습니까?

삶에 적용하기

두려움을 이겨낼 수 있게 하는 성경 구절을 찾아 나누고 암송해 봅시다.

중보 기도 하나님 나라와 건강한 교회와 행복한 가정을 위해 기도합니다.
(나라와 민족, 담임목사와 교회, 선교사와 선교지, 속회원, 전도 대상 등 서로의 기도 제목을 나누고 함께 기도합니다.)

헌금/찬송 435장 나의 영원하신 기업

마침 기도 주님의 기도 (서로를 축복하며 삶의 자리로 나아갑니다.)

5.8

19과 슬로브핫 딸들의 믿음

한 주간의 삶 나누기	
조용한 기도	
찬송	365장 마음속에 근심 있는 사람
기도	맡은 이
오늘의 말씀	민수기 27장 1~11절
암송할 말씀	여호와께서 모세에게 말씀하여 이르시되 슬로브핫 딸들의 말이 옳으니 너는 반드시 그들의 아버지의 형제 중에서 그들에게 기업을 주어 받게 하되 그들의 아버지의 기업을 그들에게 돌릴지니라 (6~7)

말씀 나누기

슬로브핫은 므낫세 지파의 자손으로, 길르앗의 손자이며 헤벨의 아들입니다. 그는 아들 없이 딸만 다섯을 두고 광야에서 죽었습니다. 슬로브핫의 딸들은 지파별로 땅을 분배할 때, 아버지의 분깃이 소실될 위기를 믿음으로 극복했습니다. 하나님은 그 딸들의 요청을 들어주시고, 이를 이스라엘의 규례가 되게 하셨습니다.

슬로브핫의 딸들은 어떻게 문제를 해결했습니까?

첫째, 하나님 앞에 믿음으로 섰습니다(1~2절).

이스라엘이 모압 평지에 있는 싯딤에 머무를 때, 하나님이 두 번째 인구조사를 명령하셨습니다. 그리고 계수된 명수대로 땅을 나눠 주어 기업으로 삼게 하셨습니다(민 26:53). 이때 슬로브핫은 상속받을 아들 없이 딸만 다섯을 두고 이미 죽은 상황이었습니다. 아들이 없기에 슬로브핫의 다섯 딸은 아버지의 이름으로 땅을 분배받지 못할 위기에 처했습니다. 그들은 위기를 극복하기 위해 담대히 회막 문으로 가서 모세와 모든 백성 앞에 섰습니다.

회막은 하나님이 거하시는 장막인 성막을 지칭하며, 하나님이 자기 백성과 만나시는 장막이라는 뜻입니다. 회막 문 앞에 섰다는 것은 하나님 앞에 믿음으로 섰다는 의미입니다. 우리도 어려운 문제가 생기면 그것을 가지고 믿음으로 나아가 하나님 앞에 서야 합니다.

둘째, 하나님의 약속을 기억하고 요청했습니다(3~4절).

슬로브핫의 딸들은 하나님 앞에서 모세와 모든 백성을 향해 자신들의 아버지가 광야에서 죽은 사연을 이야기했습니다. 아버지가 비록 아들을 남기지 못하고 죽었으나, 고라의 무리에 들지 않았다는 내용이었습니다. 고라의 무리에 들지 않았다는 것은 하나님을 대적하여 언약을 잃어버린 자들 가운데 들지 않았음을 의미합니다. 따라서 아들이 없다고 아버지 슬로브핫의 이름이 종족 중에서 삭제되지 않도록, 자신들에게도 하나님께서 약속하신 기업을 나누어 달라고 요청했습니다.

슬로브핫의 딸들은 하나님의 약속이 아들만 아니라 딸에게도 차별 없이 유효하다고 믿었습니다. 우리도 차별 없이 주신 하나님의 약속을 기억하고, 무슨 일이든 하나님께 기도하며 요청해야 합니다.

셋째, 판결의 규례가 되었습니다(5~11절).

모세는 슬로브핫의 딸들이 말한 사연을 그대로 하나님께 아뢰었습니다. 하나님은 그 말이 옳으니 그들에게도 기업을 주어 받게 하라고 말씀하셨습니다. 그리고 이 일을 토대로, 이스라엘 자손 중 하나가 아들 없이 죽으면 그의 기업을 딸에게 주고, 딸도 없으면 아버지의 형제에게 주고, 형제도 없으면 가장 가까운 친족에게 주라고 하셨습니다. 하나님은 이처럼 상속의 순서를 정해 주시고, 이를 하나님이 정하신 판결의 규례가 되게 하셨습니다.

슬로브핫의 딸들은 하나님이 약속하신 기업을 믿음으로 요청하여 자신들의 문제를 해결했을 뿐만 아니라, 딸들도 기업을 상속받게 하는 규례를 세우는 계기가 되었습니다. 이처럼 하나님의 약속을 믿고 간구하면 문제를 해결받고, 다른 사람들에게도 믿음의 본을 보이는 삶을 살 수 있습니다.

슬로브핫 딸들의 이야기는 단순히 스쳐 지나가는 일이 아니라, 이스라엘의 판결 규례를 세우는 중요한 사건이었습니다. 어떤 일이든 처음이 있습니다. 슬로브핫의 딸들은 하나님의 약속을 믿고 나아가 딸들도 땅을 기업으로 받는 규례의 시초가 되었습니다. 우리도 하나님의 약속을 믿고 나아가 좋은 모범을 보여 주어야 합니다.

말씀 행하기

묵상 질문

1. 하나님 앞에 나올 때 어떤 마음으로 나옵니까?
2. 하나님의 약속을 붙잡고 기도하여 응답받은 일에는 무엇이 있습니까?
3. 믿음의 좋은 본을 보인 일에는 무엇이 있습니까?

삶에 적용하기

우리 속회가 새롭게 시도하여 좋은 모범이 될 수 있는 일에는 무엇이 있을지 함께 나누어 봅시다.

중보 기도 하나님 나라와 건강한 교회와 행복한 가정을 위해 기도합니다.
(나라와 민족, 담임목사와 교회, 선교사와 선교지, 속회원, 전도 대상 등 서로의 기도 제목을 나누고 함께 기도합니다.)

헌금/찬송 369장 죄짐 맡은 우리 구주

마침 기도 주님의 기도 (서로를 축복하며 삶의 자리로 나아갑니다.)

5.15

20과 참된 순종

한 주간의 삶 나누기

조용한 기도

찬송	199장 나의 사랑하는 책
기도	맡은 이
오늘의 말씀	신명기 34장 1~12절
암송할 말씀	이에 여호와의 종 모세가 여호와의 말씀대로 모압 땅에서 죽어 (5)

말씀 나누기

모세가 이스라엘 백성을 인도하여 모압 평지에 이르렀습니다. 그는 이미 120세였지만 눈빛이 흐리지 않았고, 기력도 여전히 정정했습니다. 이스라엘의 북단인 단까지 볼 수 있었고, 가나안까지 거뜬히 걸을 수 있었습니다. 모세는 가나안에 들어가기를 사모했습니다. 그러나 "너는 그리로 건너가지 못하리라." 하신 하나님 말씀에 순종했습니다.

모세는 어떻게 순종했습니까?

첫째, 멈추었습니다(1~4절).

모세는 이스라엘 백성을 모압 평지까지 이끈 뒤, 느보 산에 올랐습니다. 비스가 산꼭대기에 이르자 가나안 온 땅이 한눈에 들어왔습니다. 그 땅은 하나님께서 이스라엘 백성에게 주겠다고 약속하신 곳입니다. 오랜 세월 사모했던 그 땅을 마침내 두 눈으로 보게 된 것입니다. 그러나 하나님은 모세에게 "내가 네 눈으로 보게 하였거니와 너는 그리로 건너가지 못하리라(4)."고 말씀하셨습니다. 그 한마디에 모세는 곧바로 순종했습니다. 꿈에도 그리던 약속의 땅을 코앞에 두고도 군말 없이 멈추었습니다.

하나님이 아니라고 하시면 그 자리에 멈추는 것이 순종입니다. 내 생각과 고집을 버리고 하나님 뜻에 전적으로 나를 맞춰야 합니다.

둘째, 죽는 날까지 섬겼습니다(5~8절).

하나님이 약속의 땅에 들어가지 못하리라고 말씀하셨을 때, 모세는 지금껏 해오던 일을 계속하는 데 아무런 문제가 없을 만큼 영육이 강건했습니다. 그러나 그는 더 나아가지 않았습니다. 하나님 말씀대로 모압 땅에서 죽어 벳브올 맞은편 모압 땅 골짜기에 장사되었는데, 그가 묻힌 곳을 아는 사람이 아무도 없었습니다.

모세는 주님의 종으로서, 마지막 순간까지 하나님 뜻을 따른 위대한 지도자입니다. 죽는 날까지 오직 하나님의 뜻에 순종하여 주님의 백성을 힘을 다해 섬겼습니다. 하나님은 우리에게도 주님의 공동체를 섬기는 사명을 주셨습니다. 평생토록 이 사명을 감당함으로 하나님만이 영광 받으시는 삶을 살아야 합니다.

셋째, 다음 세대를 세웠습니다(9~12절).

모세는 자신이 가나안에 들어갈 수 없음을 알았습니다. 그러나 지금까지와 변함없이 자기 소임에 최선을 다했습니다. 죽기 전 여호수아에게 안수하여 그에게 여호와의 영이 충만하게 했습니다. 그리고 자기의 모든 권한을 기쁨으로 넘겨주었습니다. 이 일은 나만이 할 수 있다며 오만하게 행하지 않고, 다음 세대에게 기꺼이 권한을 이어 주었습니다.

다음 세대를 세우는 것은 하나님의 뜻을 이어가는 매우 중요한 일입니다. 우리가 더는 누리지 못할지라도, 기쁨으로 우리 자리를 믿음의 자녀들에게 넘겨주어야 합니다. 지금 당장은 우리 눈에 부족해 보여도 그들을 믿어 주고 지지해 주어야 합니다. 다음 세대를 세우기 위해 힘쓸 때, 하나님 나라가 온전히 섭니다.

모세는 다음 세대가 세워지도록 순종으로 토양 역할을 했습니다. 하나님이 멈추라고 하실 때 멈추어서, 죽는 날까지 하나님 뜻에 따라 맡겨 주신 백성을 섬겼습니다. 새싹은 그것을 키워내는 토양이 있을 때 힘 있게 자라날 수 있습니다. 우리가 하나님 뜻에 순종하는 비옥한 토양이 될 때, 우리를 통해 믿음의 세대가 든든히 세워집니다.

말씀 행하기

묵상 질문

1. 말씀에 순종하여 포기했던 일에는 무엇이 있습니까?
2. 죽는 날까지 섬기고 싶은 일은 무엇입니까?
3. 다음 세대를 세우기 위해 어떤 노력을 하고 있습니까?

삶에 적용하기

교회학교 어린이, 젊은이, 청장년을 세우기 위해 한 주간 기도하고, 그들을 만나 따뜻한 차를 나누며 격려해 봅시다.

중보 기도 하나님 나라와 건강한 교회와 행복한 가정을 위해 기도합니다.
(나라와 민족, 담임목사와 교회, 선교사와 선교지, 속회원, 전도 대상 등 서로의 기도 제목을 나누고 함께 기도합니다.)

헌금/찬송 570장 주는 나를 기르시는 목자

마침 기도 주님의 기도 (서로를 축복하며 삶의 자리로 나아갑니다.)

5.22

21과 성령이 말하게 하십니다

한 주간의 삶 나누기	
조용한 기도	
찬송	191장 내가 매일 기쁘게
기도	맡은 이
오늘의 말씀	사도행전 2장 1~13절
암송할 말씀	그들이 다 성령의 충만함을 받고 성령이 말하게 하심을 따라 다른 언어들로 말하기를 시작하니라 (4)

말씀 나누기

예수님이 승천하신 후, 약 120명의 제자가 한곳에 모여 기도하고 있었습니다. 갑자기 하늘로부터 강한 바람 소리와 함께 성령이 임하셔서 그곳에 모인 제자들이 모두 성령 충만함을 받았습니다. 이것은 초대 교회와 복음 전파의 시작을 알리는 중요한 사건이었습니다. 변화의 첫 번째 증거는 제자들이 새로운 말을 하는 것이었습니다.

성령으로 충만해진 제자들은 무엇을 말했습니까?

첫째, 다른 언어들을 말했습니다(1~4절).

제자들은 성령 충만함을 받자 즉시 다른 언어들을 말하기 시작했습니다. 이는 단순한 언어의 변화가 아닌 성령의 능력으로 이루어진 기적이었습니다. 갈릴리 출신의 평범한 사람들이 한순간에 여러 나라의 언어를 유창하게 구사하기 시작한 것입니다. 이 일은 주변 사람들을 놀라게 했고, 그들은 자신의 모국어로 제자들이 하는 이야기를 알아들을 수 있었습니다. 이렇게 오순절 성령 강림으로 이루어진 제자들의 방언으로 주의 복음이 여러 나라로 전해졌습니다.

오순절 성령의 역사는 복음이 모든 민족과 언어를 초월하여 전파될 것임을 나타낸 하나님 나라의 표적입니다. 성령의 강림은 예수 그리스도 안에서 우리를 하나 되게 하고, 복음 전파로 모든 민족을 하나 되게 합니다. 우리도 성령으로 하나 되어 주의 복음을 땅끝까지 전하는 삶을 살아야 합니다.

둘째, 하나님의 큰일을 말했습니다(5~11절).

성령으로 충만해진 제자들은 단순히 다른 언어로 뜻 모를 말을 내뱉은 것이 아닙니다. 그들이 말한 것은 '하나님의 큰일'에 관한 것이었습니다. 하나님의 위대하심과 놀라운 구원 계획에 대한 선포였습니다. 즉 그들은 단순한 언어의 기적을 넘어, 하나님 나라 역사에 대한 증언을 보여 준 것입니다. 제자들은 예수 그리스도를 통한 구원의 복음을 담대히 선포했고, 이는 주변 사람들의 마음을 움직였습니다. 성령의 오심으로 많은 사람이 복음을 듣고 믿음에 이르는 역사가 이루어졌습니다.

복음 전파는 예수 그리스도 안에서 하나님 나라를 선포하고, 하나님의 구원 역사를 증언하는 것입니다. 복음을 전하는 증인의 삶은 오직 성령의 역사하심으로만 가능합니다.

셋째, 새 술에 취한 듯 말했습니다(13절).

성령 충만한 제자들의 모습을 보고 어떤 이들은 새 술에 취했다며 조롱했습니다. 그러나 제자들은 술에 취한 것이 아니라, 성령의 능력으로 가득 찬 상태였습니다. 이러한 반응은 성령의 역사가 때로는 세상 사람들에게 이해되지 않을 수 있음을 보여 줍니다.

사도 바울은 "우리가 만일 미쳤어도 하나님을 위한 것이요(고후 5:13)."라고 고백했습니다. 믿음의 길에는 종종 하나님을 위해 미치지 않고서는 감당할 수 없는 모욕과 고난이 따르기도 합니다. 자기를 부인하고 예수 그리스도의 십자가 길을 따르는 사람에게는 세상이 이해할 수도, 설명할 수도 없는 믿음이 있어야 합니다. 오직 성령으로 충만히 채워질 때, 그 길을 담대히 따라갈 수 있습니다.

성령으로 충만해진 제자들은 서로 다른 언어로 하나님의 큰일을 선포했고, 이는 주변 사람들에게 새 술에 취한 듯 보였습니다. 복음은 이처럼 말의 변화를 경험한 제자들을 통해 모든 민족에게 전파되었습니다. 우리도 성령을 충만히 받아 담대히 복음의 증인으로 살아야 합니다.

말씀 행하기

묵상 질문

1. 복음을 전하면서 어떤 일들을 경험했습니까?
2. 나와 우리가 경험한 하나님의 큰일에는 무엇이 있습니까?
3. 은혜를 받아 열정을 다해 임했던 일에는 무엇이 있습니까?

삶에 적용하기

믿지 않는 한 사람을 만나 내가 받은 은혜를 전하고, 어떤 감동이 있었는지 서로 나누어 봅시다

중보 기도 하나님 나라와 건강한 교회와 행복한 가정을 위해 기도합니다.
(나라와 민족, 담임목사와 교회, 선교사와 선교지, 속회원, 전도 대상 등 서로의 기도 제목을 나누고 함께 기도합니다.)

헌금/찬송 197장 은혜가 풍성한 하나님은

마침 기도 주님의 기도 (서로를 축복하며 삶의 자리로 나아갑니다.)

5.29

22과 말씀만 하소서

한 주간의 삶 나누기

조용한 기도

찬송 545장 이 눈에 아무 증거 아니 뵈어도

기도 맡은 이

오늘의 말씀 마태복음 8장 5~13절

암송할 말씀 백부장이 대답하여 이르되 주여 내 집에 들어오심을 나는 감당하지 못하겠사오니 다만 말씀으로만 하옵소서 그러면 내 하인이 낫겠사옵나이다 (8)

말씀 나누기

가버나움은 예수님이 공생애 기간에 많은 시간 활동하셨던 중요한 지역입니다. 나사렛에서 거절당하신 후 가버나움을 사역의 중심지로 삼으셨습니다. 이곳에서 예수님은 많은 기적을 행하시며 하나님 나라를 선포하셨습니다. 소문을 들은 한 백부장이 자신의 병든 종을 살리기 위해 예수님 앞으로 나아왔습니다.

백부장은 어떻게 소원을 이루었습니까?

첫째, 겸손히 간구했습니다(5~6절).

예수님이 가버나움에 들어가셨을 때, 한 백부장이 다가와 자신의 종이 중풍으로 집에 누워 몹시 괴로워하고 있다며 도우심을 구했습니다. 로마 제국의 군대 장교로서 유대인과는 적대적인 관계였지만, 자신의 모든 권위와 체면을 내려놓고 예수님께 직접 나아와 간절히 구했습니다. 당시 종은 언제든 사고팔 수 있는 물건으로 치부되었기에 병들면 버려지기 일쑤였습니다. 그러나 이 백부장은 종을 사랑하는 마음이 있었기에 그를 위해 자신을 내려놓았습니다. 또한 그는 예수님을 '주님'으로 불렀습니다. 이는 예수님을 주권자로 인정하는 표현입니다. 유대인도 아닌 이방인 백부장이 예수님을 주님으로 고백하며 도움을 요청한 것입니다.

신앙생활을 하다가도 문제를 만나면 백부장처럼 예수님 앞으로 겸손히 나아가야 합니다. 주님은 겸손하게 간구할 때 역사하십니다.

둘째, 말씀을 신뢰했습니다(7~10절).

예수님은 백부장의 간청을 들으시고는 직접 가서 고쳐 주겠다고 하셨습니다. 그러나 백부장은 주님을 자기 집에 모실 자격이 없다며 손사래를 쳤습니다. 그러면서 다만 말씀만 하여도 종이 나을 것이라고 단언했습니다. 군대에 몸담은 그에게는 상관이 명령을 내리면 병사는 그 명대로 행하는 것이 너무나 당연하고 익숙한 일이었습니다. 그래서 주님이신 예수님이 말씀만 하시면 종은 그 말씀대로 되리라고 굳게 믿었습니다. 예수님은 백부장의 이 단순하고도 진리를 꿰뚫는 믿음에 감탄하셨습니다. 이스라엘 중에 아무에게서도 이만한 믿음을 보지 못했다고 하셨습니다.

우리도 눈에 보이는 증거를 원하며 믿기를 주저할 때가 있습니다. 그러나 진정한 믿음은 보지 않고도 하나님을 신뢰하는 것입니다. 백부장처럼 주님의 말씀을 전적으로 신뢰해야 합니다. 눈앞의 상황이 어떠하든 하나님 말씀은 반드시 이루어진다는 것을 확신해야 합니다.

셋째, 이루어질 줄 믿고 갔습니다(11~13절).

예수님은 동서로부터 많은 사람이 이르러 아브라함과 이삭과 야곱과 함께 천국에 앉게 되지만, 본 자손들은 바깥 어두운 데로 쫓겨나 거기서 울며 이를 갈게 될 것이라고 하셨습니다. 그리고 백부장에게 "네 믿은 대로 될지어다(13)."라고 하셨습니다. 성경은 주님이 이 말씀을 하신 바로 그 시각에 종이 나았다고 증언합니다.

예수님은 백부장의 믿음을 보시고, 이방인들이 하나님 나라에 들어갈 것이라고 선언하셨습니다. 반면 본 자손인 유대인들은 믿음이 없기에 비극적인 종말을 맞을 것이라고 하셨습니다. 백부장은 기적을 눈으로 보지 못했음에도 예수님 말씀을 듣고 이미 이루어진 것처럼 행동했습니다. 이 믿음이 우리에게도 필요합니다. 겸손하고 간절하게 기도했으면, 이미 이루어졌다고 분명히 믿어야 합니다.

백부장의 믿음은 예수님의 말씀에 대한 깊은 신뢰에서 비롯됐습니다. 우리도 예수님 말씀을 전적으로 신뢰해야 합니다. 어떤 상황에서도 하나님께 겸손히 간구하고, 하나님 말씀이 이루어질 줄 믿어야 합니다. 바로 그때 하나님의 능력과 기적이 내게 임합니다.

말씀 행하기

묵상 질문

1. 누군가를 위해 간절히 기도했던 순간이 있습니까? 언제였습니까?
2. 가장 신뢰하는 하나님 말씀은 무엇입니까?
3. 믿음으로 기도해서 이루어진 일에는 무엇이 있습니까?

삶에 적용하기

가정의 울타리를 뛰어넘어 나와 상관없는 사람들, 더 나아가 내가 싫어하는 사람들을 위해서도 기도하고 복음을 전해 봅시다.

중보 기도	하나님 나라와 건강한 교회와 행복한 가정을 위해 기도합니다. (나라와 민족, 담임목사와 교회, 선교사와 선교지, 속회원, 전도 대상 등 서로의 기도 제목을 나누고 함께 기도합니다.)
헌금/찬송	546장 주님 약속하신 말씀 위에 서
마침 기도	주님의 기도 (서로를 축복하며 삶의 자리로 나아갑니다.)

6.5

23과 무엇을 원하느냐

한 주간의 삶 나누기	
조용한 기도	
찬송	91장 슬픈 마음 있는 사람
기도	맡은 이
오늘의 말씀	마가복음 10장 46~52절
암송할 말씀	예수께서 이르시되 가라 네 믿음이 너를 구원하였느니라 하시니 그가 곧 보게 되어 예수를 길에서 따르니라 (52)

말씀 나누기

예수님은 공생애 동안 천국 복음을 전하시고, 병든 자를 고치시고, 죽은 자를 살리셨습니다. 사람들은 예수님의 사역을 통해 예수님이 모든 생명의 주관자이시며 회복의 하나님이심을 알게 되었습니다. 바디매오도 주님의 회복의 은혜를 누린 사람 중 한 명입니다.

바디매오는 어떻게 회복의 은혜를 누렸습니까?

첫째, 포기하지 않고 끝까지 구했습니다(46~48절).

예수님과 제자들이 여리고에서 구걸로 연명하며 살아가는 시각장애인 바디매오를 만났습니다. 바디매오는 예수님이 오셨다는 소리를 듣고는 "다윗의 자손 예수님, 저를 불쌍히 여겨 주소서."라고 힘껏 소리쳤습니다. 많은 사람이 조용히 하라며 꾸짖었지만, 그는 예수님을 향해 더욱 크게 외쳤습니다.

사람들은 바디매오의 간절함을 무시하고 제지했습니다. 그러나 그는 포기하지 않고 예수님의 자비하심을 계속해서 간구했습니다. 이처럼 주님의 은혜를 사모하며 나아갈 때, 무시하고 막아서는 상황과 사람들을 만날 수 있습니다. 그럼에도 포기하지 않는 믿음의 인내로 끝까지 하나님의 은혜를 구하는 성도가 되어야 합니다.

둘째, 자신의 진정한 필요를 알았습니다(49~51절).

바디매오의 외침에 예수님이 걸음을 멈추셨습니다. 그러더니 그를 불러오라고 하셨습니다. 예수님이 자신을 부르신다는 소식에 바디매오는 겉옷을 벗어 버리고 벌떡 일어나 다급히 다가갔습니다. 예수님은 "내가 네게 무엇을 해주길 원하느냐."라고 물으셨습니다. 바디매오는 보기를 원한다고 대답했습니다.

바디매오는 길가에 앉아 구걸하던 사람이었습니다. 그런데 예수님을 만났을 때 그가 구한 것은 동전 몇 개가 아니라, 눈을 떠서 보는 것이었습니다. 그는 자신의 진정한 필요를 알고 바로 그것을 주저없이 구했습니다. 앞 못 보는 사람에게 필요한 것은 물질이 아니라 보는 것입니다. 동전 몇 개 같은 부차적인 것이 아니라, 진정한 필요를 알고 구할 때 참된 만족을 얻을 수 있습니다.

셋째, 부르심에 즉시 순종했습니다(52절).

예수님이 비디메오의 간절한 소원에 응답해 주셨습니다. 그를 향해 "가라. 네 믿음이 너를 구원하였느니라."고 선언하셨습니다. 이 말씀에 바디매오는 즉시 볼 수 있게 되었습니다. 그리고 그 길로 예수님을 따라나섰습니다.

바디매오는 예수님의 말씀을 의심하지 않았습니다. 말씀에 즉시 순종할 뿐이었습니다. 하나님을 믿는다고 하면서도 그분의 사랑과 회복의 은혜를 경험하지 못한 채 살아가는 사람들이 많습니다. 신앙생활을 한다고 하면서도 주님의 부르심에 즉시 순종하지 않기 때문입니다. 이것저것 생각하고 다른 방법을 동원하다가 모두 실패하고 나서야 하나님이 말씀하신 길로 걸어가려고 합니다. 그러나 바디매오처럼 부르심에 즉시 순종하는 사람이 응답을 받습니다.

하나님은 상처받은 몸과 마음으로 살아갈지라도, 예수님의 이름을 붙잡고 자기 필요를 간절히 구하는 성도들에게 응답하십니다. 포기하지 않고 기도하면 하나님은 반드시 응답해 주십니다. 하나님 말씀에 즉시 순종함으로 회복의 은혜를 누리는 성도가 되어야 합니다.

말씀 행하기

묵상 질문

1. 포기하지 않고 간절히 구함으로 어떤 은혜를 받았습니까?
2. 오늘 나의 진정한 필요는 무엇입니까?
3. 부르심에 즉시 순종하여 받은 은혜에는 무엇이 있습니까?

삶에 적용하기

주님의 회복의 은혜를 누리기 위해 필요한 것이 무엇인지 생각하고 나누어 봅시다.

중보 기도 하나님 나라와 건강한 교회와 행복한 가정을 위해 기도합니다.
(나라와 민족, 담임목사와 교회, 선교사와 선교지, 속회원, 전도 대상 등 서로의 기도 제목을 나누고 함께 기도합니다.)

헌금/찬송 303장 날 위하여 십자가의

마침 기도 주님의 기도 (서로를 축복하며 삶의 자리로 나아갑니다.)

6.12 24과 눈물로 발을 닦다

한 주간의 삶 나누기	
조용한 기도	
찬송	304장 그 크신 하나님의 사랑
기도	맡은 이
오늘의 말씀	누가복음 7장 36~50절
암송할 말씀	예수의 뒤로 그 발 곁에 서서 울며 눈물로 그 발을 적시고 자기 머리털로 닦고 그 발에 입맞추고 향유를 부으니 (38)

말씀 나누기

예수님이 바리새인의 집에 들어가셨습니다. 그때 죄를 지은 한 여인이 예수님께로 나아와 자신의 눈물로 주님의 발을 닦고 그 발에 입 맞추고 향유를 부었습니다. 여인이 눈물로 발을 닦은 것은 단순한 감정 표현이 아니었습니다. 예수님은 여인의 믿음을 보시고 그의 죄를 사해 주셨습니다. 여인은 예수님께 큰 은총을 입었습니다.

여인이 눈물로 주님의 발을 닦은 것은 어떤 의미입니까?

첫째, 죄를 회개하는 것입니다(36~38절).

여인은 눈물로 회개하며 예수님께로 나아갔습니다. 눈물은 그의 진정한 마음을 보여 줍니다. 여인은 예수님 앞에서 자기 죄를 인정하고 주님의 은혜를 간절히 바랐습니다. 예수님은 그의 회개를 받아 죄를 용서해 주시고 새로운 삶을 허락해 주셨습니다.

예수님은 "죄인 한 사람이 회개하면 하늘에서는 회개할 것 없는 의인 아흔아홉으로 말미암아 기뻐하는 것보다 더하리라(눅 15:7)."고 하셨습니다. 회개는 단순히 잘못을 인정하는 것이 아닙니다. 삶의 방향을 바꾸어 완전히 다르게 살아가는 것입니다. 마음을 돌이켜 잘못된 길에서 돌아서는 진정한 변화가 일어나야 합니다.

둘째, 은혜에 감사하는 것입니다(39~46절).

여인이 죄인임을 안 바리새인은 예수님이 그를 받아들이는 것을 이상히 여겼습니다. 예수님은 비유를 통해 바리새인에게 진정한 용서와 은혜의 의미를 설명하셨습니다. 빚을 탕감해 준 주인의 비유를 들어, 더 많은 빚을 탕감받은 자가 더 큰 사랑을 보여야 한다고 가르쳐 주셨습니다.

여인은 자신의 많은 죄를 용서받았음을 깨닫고, 그 은혜에 감사하여 예수님께로 나아온 것입니다. 시편은 "감사함으로 그의 문에 들어가며 찬송함으로 그의 궁정에 들어가서 그에게 감사하며 그의 이름을 송축할지어다(시 100:4)."라고 노래합니다. 진정한 감사는 말로 표현되고 행동으로 나타납니다. 우리도 예수님이 베풀어 주신 은혜를 기억하고 감사를 표현하며 살아가야 합니다.

셋째, 사랑을 표현하는 것입니다(47~50절).

여인은 예수님 곁에서 눈물로 그 발을 적시고 머리카락으로 닦고 입 맞추고 향유를 부었습니다. 그의 행동을 지켜보신 예수님은 여인이 많은 죄를 용서받았기 때문에 많은 사랑을 보이는 것이라고 말씀하셨습니다. 여인이 눈물로 예수님의 발을 씻은 것은 예수님에 대한 깊은 사랑의 표현이었습니다.

사도 요한은 "우리가 사랑함은 그가 먼저 우리를 사랑하셨음이라(요일 4:19)."고 했습니다. 여인은 예수님의 사랑을 경험하고, 그 사랑에 대한 반응으로 자신의 모든 것을 드렸습니다. 그의 행동은 예수님에 대한 사랑에서 비롯됐습니다. 예수님은 여인의 사랑을 인정해 주시며 구원을 선언하셨습니다. 이처럼 예수님을 진정으로 사랑한다면, 삶에서 그 사랑을 표현해야만 합니다.

여인은 눈물로 예수님의 발을 닦으며 죄를 회개하고 예수님의 은혜에 감사하며 사랑을 표현했습니다. 예수님은 우리의 모든 죄를 용서하시고, 새로운 삶을 주십니다. 그러므로 언제나 그분 앞에 나아가 죄를 회개하고, 용서하시는 은혜에 감사하며, 주님을 향한 사랑을 고백하는 삶을 살아가야 합니다.

말씀 행하기

묵상 질문

1. 언제 어떤 일 때문에 진정으로 회개했습니까?
2. 예수님이 베풀어 주신 은혜에 어떻게 감사하고 있습니까?
3. 예수님을 향한 사랑을 어떤 방법으로 표현하고 있습니까?

삶에 적용하기

가까운 이웃에게 작은 섬김을 실천함으로 예수님을 향한 사랑을 삶으로 고백해 봅시다.

중보 기도 하나님 나라와 건강한 교회와 행복한 가정을 위해 기도합니다.
(나라와 민족, 담임목사와 교회, 선교사와 선교지, 속회원, 전도 대상 등 서로의 기도 제목을 나누고 함께 기도합니다.)

헌금/찬송 321장 날 대속하신 예수께

마침 기도 주님의 기도 (서로를 축복하며 삶의 자리로 나아갑니다.)

6.19 25과 사마리아 여인의 변화

한 주간의 삶 나누기

조용한 기도

찬송 397장 주 사랑 안에 살면

기도 맡은 이

오늘의 말씀 요한복음 4장 27~42절

암송할 말씀 내가 행한 모든 일을 내게 말한 사람을 와서 보라 이는 그리스도가 아니냐 하니 (29)

말씀 나누기

예수님이 유대를 떠나 갈릴리로 가시면서 유대인들이 배척하는 사마리아를 지나가셨습니다. 거기서 물을 길으러 나온 한 여인을 만나 대화하시면서 그의 영적 목마름을 해결해 주셨습니다. 예수님은 모든 구별과 장벽을 넘어 모든 사람을 구원해 주시는 분입니다. 예수님을 만난 여인은 변화된 삶을 살았습니다.

예수님을 만난 사마리아 여인은 어떻게 변화되었습니까?

첫째, 물동이를 버렸습니다(27~28절).

사마리아 수가 성에 사는 이 여인은 여러 이유로 내면에 상처가 많았습니다. 사람들의 따가운 시선 속에 살아갈 수밖에 없었습니다. 그는 예수님을 만난 후 가지고 왔던 물동이를 버렸습니다. 그에게 물동이는 육신의 목마름을 채워 줄 도구이며, 매우 중요한 재산입니다. 또한 결코 해갈되지 않는 영적 갈증 때문에 피폐해진 그의 마음을 의미하기도 합니다. 그런데 여인은 그리스도를 만난 기쁨에 겨워 물동이를 버려두고 동네로 뛰어갔습니다. 그는 더 이상 물동이가 필요 없었습니다. 예수님으로 인해 그의 영혼이 가득 채워졌기 때문입니다. 예수님은 여인에게 새로운 삶을 허락해 주셨습니다.

누구에게나 영적 목마름이 있습니다. 그 갈증은 오직 예수님으로 충만할 때만 채워집니다.

둘째, 와서 보라고 초청했습니다(29~38절).

사마리아 여인은 그리스도가 오시면 모든 것을 밝히 가르쳐 주실 것이라고 믿었습니다. 예수님은 "네게 말하는 내가 그라(요 4:26)."고 하시며 자신이 메시아임을 드러내셨습니다. 여인은 예수님과의 대화를 통해 완전히 변화되었습니다. 동네로 들어가 사람들에게 "와서 보라 이는 그리스도가 아니냐(29)."라고 복음을 전하며 초청했습니다. 이 고백은 고대하던 메시아를 만난 기쁨의 탄성이었습니다. 여인의 말에 수가 성에 사는 많은 사람이 예수님께로 나아왔습니다.

예수님은 유대인만의 구세주가 아니라, 모든 사람을 구원하시는 분으로 오셨습니다. 예수님을 만난 사람은 예수님을 전하지 않을 수 없습니다. 우리도 세상 모든 사람을 '와서 보라'고 초청해야 합니다.

셋째, 예수님을 증언했습니다(39~42절).

사마리아 사람들은 예루살렘 대신 그리심 산에서 따로 제사를 드리며 황금 송아지를 섬겼습니다. 이처럼 우상을 섬기던 여인이 예수님을 만나 변화되었습니다. 그의 증언을 듣고 많은 사마리아 사람이 예수님께로 왔습니다. 그리고 예수님의 말씀을 듣고는 더 많은 사람이 그분을 주님으로 믿게 되었습니다. 사마리아 사람들은 여인에게 "이제 우리가 믿는 것은 네 말로 인함이 아니니 이는 우리가 친히 듣고 그가 참으로 세상의 구주신 줄

앎이라(42).”고 고백했습니다. 예수님을 직접 만난 후 더욱 확실히 믿게 된 것입니다.

예수님을 만난 사람은 이웃에게 자신이 만난 예수님을 전하게 됩니다. 우리도 내가 만난 예수님이 세상의 구주임을 자신 있게 증언할 수 있어야 합니다.

예수님을 만난 사마리아 여인은 영적 갈급함을 해결했습니다. 예수님은 세상의 그 어떤 사람도 차별하시지 않습니다. 예수님을 만나 복음의 증인이 된 여인처럼, 우리도 주님을 분명히 만날 때 새로운 삶으로 나아갈 수 있습니다.

말씀 행하기

묵상 질문

1. 내가 내려놓아야 할 물동이는 무엇입니까?
2. 불신자들에게 예수님을 어떻게 전하고 있습니까?
3. 내가 만난 예수님은 어떤 분입니까?

삶에 적용하기

주변에 복음을 전해야 할 이들이 있는지 돌아보고, 그들 중 3명 이상의 이름을 품고 기도해 봅시다.

중보 기도 하나님 나라와 건강한 교회와 행복한 가정을 위해 기도합니다.
(나라와 민족, 담임목사와 교회, 선교사와 선교지, 속회원, 전도 대상 등 서로의 기도 제목을 나누고 함께 기도합니다.)

헌금/찬송 289장 주 예수 내 맘에 들어와

마침 기도 주님의 기도 (서로를 축복하며 삶의 자리로 나아갑니다.)

6.26

26과 새로운 삶으로 나아가는 믿음

한 주간의 삶 나누기

조용한 기도

찬송	549장 내 주여 뜻대로
기도	맡은 이
오늘의 말씀	요한복음 5장 1~15절
암송할 말씀	예수께서 이르시되 일어나 네 자리를 들고 걸어가라 하시니 그 사람이 곧 나아서 자리를 들고 걸어가니라 (8~9)

말씀 나누기

예수님은 38년 동안 병으로 고통받던 사람에게 다가가 "네가 낫고자 하느냐."라고 물으셨습니다. 그러고는 "일어나 네 자리를 들고 걸어가라."고 말씀하셨습니다. 병자는 누구의 도움도 기대하지 못하던 상황에서 예수님을 만나 마침내 오랜 병상을 털고 일어날 수 있었습니다. 절망에서 벗어나 새 삶으로 나아가게 되었습니다.

새로운 삶으로 나아가려면 어떻게 해야 합니까?

첫째, 소망을 잃지 말아야 합니다(1~7절).

예수님이 유대인의 명절에 예루살렘으로 올라가시다가 베데스다 연못가에 누워 있는 병자들을 보셨습니다. 그들은 연못물이 움직일 때 가장 먼저 들어가면 병이 낫는다고 믿고 있었습니다. 그중 38년 된 병자는 오랜 시간 병에 매여 절망에 익숙해져 있었습니다. 그의 상황을 아신 예수님이 다가가 "네가 낫고자 하느냐."라고 물으셨습니다. 그런데 그는 예수님의 물음에 치유에 대한 소망을 말하는 대신, 그동안 자신을 도와줄 사람이 없었음을 한탄했습니다. 그의 시선이 치유가 아닌 과거의 실패에 머물러 있었던 것입니다. 예수님은 그가 과거의 절망에서 벗어나 새로운 삶으로 나아가길 원하셨습니다.

주님은 모두에게 새로운 시작을 주십니다. 과거의 아픔과 실패에 머물러 있으면 그 은혜를 누릴 수 없습니다. 주님이 주시는 믿음으로 소망을 잃지 말아야 합니다.

둘째, 말씀을 듣고 즉시 순종해야 합니다(8~9절).

과거의 실패에 머물러 있던 병자에게 예수님은 일어나 자리를 들고 걸어가라고 명하셨습니다. 병자는 그 말씀에 즉시 순종해 몸을 움직였습니다. 그리고 곧 나아서 자리를 들고 걸어갔습니다. 예수님 말씀에 결단하고 행동함으로써 치유의 기적을 경험했습니다.

믿음은 단지 마음으로 동의하는 데 그치지 않고, 말씀에 반응하여 삶으로 실천할 때 온전하게 완성됩니다. 회복은 막연한 기다림 끝에 오는 결과가 아니라, 믿음으로 결단하고 일어서는 그 순간에 시작됩니다. 하나님은 말씀에 반응하는 이들의 삶에 놀라운 회복과 변화를 이루어 가십니다. 우리도 결단을 요구하시는 주님의 음성에 주저하지 말아야 합니다. 주님께서 어떤 말씀을 주시든 담대히 순종의 걸음을 내디뎌야 합니다.

셋째, 떳떳하게 증언해야 합니다(10~15절).

안식일에 자리를 들고 걸어가는 병자를 보고 유대인들은 율법을 어겼다며 비난했습니다. 그는 자기를 고쳐 준 이의 명령에 따른 것이라고 답했지만, 예수님이 이미 자리를 떠나셨기에 그분이 누구인지 알지 못했습니다. 이후 병자는 성전에서 예수님을 다시 만나게 되었고, 예수님은 그에게 "보라 네가 나았으니 더 심한 것이 생기지 않게 다시는 죄를 범하지 말라(14)."

고 말씀하셨습니다. 그제야 병자는 자신을 고치신 분이 예수님이심을 깨닫고, 사람들에게 담대히 증언하기 시작했습니다.

새로운 삶으로 나아가는 사람은 과거의 죄로 되돌아가지 않습니다. 그리고 주님께 받은 은혜를 숨기지 않고 세상에 떳떳하게 드러내며, 말과 행동으로 증언하며 살아갑니다.

예수님은 절망에 매여 있던 병자에게 새로운 삶을 명하셨고, 그는 믿음으로 순종하여 자리에서 일어났습니다. 말씀에 대한 순종은 회복의 시작이자 새로운 삶의 출발점입니다. 우리도 과거의 실패와 상처에 머무르지 말고, 주님 말씀 앞에 결단하고 일어나 예수님을 떳떳하게 증언하는 삶을 살아야 합니다.

말씀 행하기

묵상 질문

1. 내가 붙잡아야 할 소망은 무엇입니까?
2. 주님 말씀에 즉시 순종했던 경험은 언제이며, 그때 어떤 변화가 있었습니까?
3. 주님께 받은 은혜를 삶에서 어떻게 증언하고 있습니까?

삶에 적용하기

아픔과 절망 가운데서 말씀에 순종해 일어섰던 경험을 나누어 봅시다. 그 순종이 어떤 회복과 변화를 가져왔는지도 함께 돌아봅시다.

중보 기도 하나님 나라와 건강한 교회와 행복한 가정을 위해 기도합니다.
(나라와 민족, 담임목사와 교회, 선교사와 선교지, 속회원, 전도 대상 등 서로의 기도 제목을 나누고 함께 기도합니다.)

헌금/찬송 520장 듣는 사람마다 복음 전하여

마침 기도 주님의 기도 (서로를 축복하며 삶의 자리로 나아갑니다.)

7·3

27과 룻과 보아스의 만남

한 주간의 삶 나누기	
조용한 기도	
찬송	300장 내 맘이 낙심되며
기도	맡은 이
오늘의 말씀	룻기 2장 1~13절
암송할 말씀	여호와께서 네가 행한 일에 보답하시기를 원하며 이스라엘의 하나님 여호와께서 그의 날개 아래에 보호를 받으러 온 네게 온전한 상 주시기를 원하노라 하는지라 (12)

말씀 나누기

룻은 이방 여인이지만, 아브라함에서 다윗에 이르는 믿음의 가문을 이어가는 사람이 되었습니다. 그가 다윗의 가문에 들어올 수 있었던 것은 믿음의 사람 보아스를 만났기 때문입니다. 이 만남으로 룻의 인생은 완전히 달라졌습니다. 하나님은 룻과 보아스의 만남을 통해 믿음의 역사를 써내려 가셨습니다.

룻과 보아스의 만남에는 무엇이 있었습니까?

첫째, 인도하시는 은혜가 있었습니다(1~3절).

엘리멜렉은 유다 지파 사람으로 베들레헴에 살았습니다. 유다 땅에 흉년이 들자 그는 아내 나오미와 두 아들을 데리고 모압으로 건너갔습니다. 하지만 그곳에서 엘리멜렉과 두 아들이 모두 죽고 말았습니다. 룻은 엘리멜렉과 나오미가 모압에서 얻은 며느리입니다. 남편과 두 아들을 잃은 나오미가 고향으로 돌아가려 하자 룻은 끝까지 시어머니와 함께하며 하나님을 섬기겠다고 따라나섰습니다. 나오미와 베들레헴에 온 룻은 이삭을 주워 생계를 이어갔습니다. 그곳이 바로 보아스의 밭이었습니다. 엘리멜렉의 가까운 친척인 보아스는 재력도 있고, 무엇보다 믿음이 유력한 사람이었습니다.

하나님은 끝까지 믿음의 지조를 지키는 사람을 믿음이 유력한 사람에게로 인도하십니다. 우리도 믿음의 지조를 지켜 하나님의 인도를 받아야 합니다.

둘째, 돕는 은혜가 있었습니다(4~9절).

룻이 하나님의 인도로 보아스의 밭에서 이삭을 주울 때, 마침 보아스가 와서 그를 보았습니다. 보아스는 벼 베는 일을 감독하는 자를 통해 그가 나오미를 따라온 모압 여인임을 알게 되었습니다. 그러나 보아스는 이방인이라고 배척하지 않고, 오히려 다른 밭에 가지 말고 자신의 밭에서 편하게 이삭을 줍도록 배려해 주었습니다. 또한 목이 마를 때는 일꾼들이 마시는 물을 마음껏 마실 수 있게 해주었습니다. 보아스는 가난한 자와 나그네를 위해 이삭을 남겨두라는 율법을 지킬 뿐만 아니라, 룻을 적극적으로 도왔습니다.

보아스가 룻에게 특별한 도움을 베푼 것은 하나님의 은혜와 사랑에서 비롯된 것입니다. 하나님의 은혜를 입은 우리 역시 어려운 상황에 처한 이웃에게 돕는 은혜를 베풀어야 합니다.

셋째, 믿음의 축복이 있었습니다(10~13절).

룻은 보아스가 베푼 은혜에 엎드려 절하며 감사했습니다. 그리고 어떻게 자신 같은 이방인에게 이런 은혜를 베푸는지 물었습니다. 보아스는 룻이 시어머니에게 행한 모든 것과, 하나님을 섬기기로 결단하고 부모와 고국을 떠나 이스라엘로 온 일을 모두 알고 있다고 대답했습니다. 그리고 하나님께서 룻의 결단과 행동에 보답하시고, 하나님의 날개 아래 보호받으러 온 룻에게 온전한 상을 주시길 원한다고 축복했습니다. 믿음의 유력자인 보아스의 축복에 룻은 기쁜 마음으로 "내가 당신께 은혜 입기를 원합니다."라고 고백했습니다.

믿음의 사람이 행하는 축복을 믿음으로 받으면, 복의 주인이신 하나님이 복을 내려 주십니다. 참된 믿음의 사람인 우리는 보아스처럼 믿음으로 축복하는 사람이 되어야 합니다.

고난과 슬픔 가운데 고향을 떠난 룻은 하나님을 섬기겠다는 믿음의 지조를 지킴으로 유력한 유다 지파 사람 보아스를 만나게 되었습니다. 하나님은 룻과 보아스를 만나게 하심으로 믿음의 선한 열매를 맺게 하셨습니다. 믿음을 따라 사는 사람은 이처럼 믿음의 열매를 맺는 만남을 소망해야 합니다.

말씀 행하기

묵상 질문

1. 내가 경험한 하나님의 인도하심에는 어떤 것이 있습니까?
2. 다른 사람에게 어떤 특별한 도움을 베풀어 보았습니까?
3. 다른 사람을 축복하여 맺은 열매에는 무엇이 있습니까?

삶에 적용하기

우리 속회나 교회가 사회적 약자들에게 어떤 도움을 줄 수 있는지 함께 나누고 실천해 봅시다.

중보 기도 하나님 나라와 건강한 교회와 행복한 가정을 위해 기도합니다.
(나라와 민족, 담임목사와 교회, 선교사와 선교지, 속회원, 전도 대상 등 서로의 기도 제목을 나누고 함께 기도합니다.)

헌금/찬송 308장 내 평생 살아온 길

마침 기도 주님의 기도 (서로를 축복하며 삶의 자리로 나아갑니다.)

7.10 28과 하나님이 찾으시는 사람

한 주간의 삶 나누기	
조용한 기도	
찬송	424장 아버지여 나의 맘을
기도	맡은 이
오늘의 말씀	사도행전 10장 1~35절
암송할 말씀	이제 우리는 주께서 당신에게 명하신 모든 것을 듣고자 하여 다 하나님 앞에 있나이다 (33하)

말씀 나누기

고넬료는 가이사랴에 주둔한 로마 군대의 백부장, 즉 이방인이었습니다. 그런데 하나님은 그를 찾아가 만나 주시고, 땅끝 선교의 씨앗으로 삼으셨습니다. 하나님은 언제나 하나님의 사람을 찾으십니다. 하나님의 기준은 그 사람의 외모나 혈통, 신분이 아닙니다.

하나님은 어떤 사람을 찾으십니까?

첫째, 기도하는 사람입니다(1~8절).

고넬료는 하나님께 항상 기도하는 사람이었습니다. 하루는 오후 기도 시간에 천사의 음성을 들었습니다. 무두장이 시몬의 집에 있는 베드로를 청하여 하나님 말씀을 들으라는 내용이었습니다. 무두장이는 손질하지 않은 동물의 가죽을 가공하던 사람으로, 당시 가장 천한 신분이었습니다. 반면 고넬료는 가이사랴 주둔군의 장교였습니다. 그는 신분을 핑계 삼아 천사의 지시를 무시할 수도 있었습니다. 그러나 고넬료는 즉시 순종했습니다. 아랫사람 세 명을 욥바로 보내 베드로를 청했습니다.

하나님은 기도하는 사람을 찾으십니다. 기도하는 사람은 하나님 말씀에 순종하는 사람입니다. 우리도 하나님의 뜻을 알기 위해 기도할 뿐 아니라, 말씀을 주실 때 곧바로 순종하는 삶을 살아야 합니다.

둘째, 칭찬받는 사람입니다(9~23절).

욥바에서 기도하던 베드로는 환상 중에 유대인이 가증히 여기는 동물을 잡아먹으라는 음성을 듣고는 그 뜻을 궁금해하고 있었습니다. 그때 마침 고넬료가 보낸 사람들이 도착했습니다. 성령님이 베드로에게 그들은 자신이 보낸 사람들이니 의심하지 말고 함께 가라고 명하셨습니다. 베드로를 만난 그들은 고넬료가 자신들을 보냈음을 알렸습니다. 그러면서 고넬료는 하나님을 경외하는 사람이며 의인이요 유대 온 족속이 칭찬하는 자라고 소개했습니다.

하나님을 경외하는 고넬료는 주변 사람들에게 의인이라 칭찬받는 사람이었습니다. 하나님을 경외하는 사람은 하나님을 기쁘시게 할 뿐 아니라, 사람에게도 칭찬받게 되어 있습니다(롬 14:18).

셋째, 하나님 말씀 듣기를 사모하는 사람입니다(24~35절).

마침내 가이사랴에서 베드로와 고넬료가 만났습니다. 베드로는 갈릴리 어부 출신이고, 고넬료는 로마 군대의 백부장입니다. 그러니 고넬료는 신분 높은 사람이 낮은 사람을 대하듯 할 수도 있었습니다. 하지만 그는 베드로가 자기 집 문에 들어서자, 그 발 앞에 엎드려 절했습니다. 이는 고넬료가 베드로를 하나님처럼 여겼음을 의미합니다. 이 만남을 하나님이 이루신 줄 분명히 믿었기에, 베드로 앞이 아닌 하나님 앞에 있다고 생각한 것입니다.

우리도 말씀을 선포하는 목회자들을 하나님 말씀을 대언하는 주님의 종으로 여겨야 합니다. 하나님은 사모하는 영혼을 만족케 하시기 때문입니다. 하나님은 주의 말씀 듣기를 사모하는 영혼을 지금도 찾으십니다. 그러므로 날마다 고넬료의 마음으로 겸손히 하나님의 말씀 듣기를 사모해야 합니다.

하나님께 기도하는 사람은 그분 말씀에 순종하는 사람입니다. 하나님을 경외하여 그분의 말씀을 사모하고, 그 말씀대로 따르는 사람입니다. 그는 하나님을 기쁘시게 하는 것은 물론, 주변 사람들에게도 칭찬을 받습니다. 우리가 바로 그런 사람이 되어야 합니다. 그래서 하나님이 예비하신 복의 씨앗이 되어야 합니다.

말씀 행하기

묵상 질문

1. 나는 하루에 얼마나 기도합니까?
2. 가장 최근에 칭찬받은 일은 무엇입니까?
3. 주일 설교에서 하나님의 뜻을 깨달았던 때는 언제입니까?

삶에 적용하기

하나님 말씀을 온전히 받기 위해 예배 시작 10분 전에 와서 간절히 기도하며 준비하고, 받은 은혜를 나누어 봅시다.

중보 기도 하나님 나라와 건강한 교회와 행복한 가정을 위해 기도합니다.
(나라와 민족, 담임목사와 교회, 선교사와 선교지, 속회원, 전도 대상 등 서로의 기도 제목을 나누고 함께 기도합니다.)

헌금/찬송 366장 어두운 내 눈 밝히사

마침 기도 주님의 기도 (서로를 축복하며 삶의 자리로 나아갑니다.)

7. 17

29과 한밤중에 부른 노래

한 주간의 삶 나누기

조용한 기도

찬송	461장 십자가를 질 수 있나
기도	맡은 이
오늘의 말씀	사도행전 16장 23~34절
암송할 말씀	한밤중에 바울과 실라가 기도하고 하나님을 찬송하매 죄수들이 듣더라 (25)

말씀 나누기

바울과 실라는 극심한 고난 속에서도 믿음을 잃지 않았습니다. 억울하게 감옥에 갇힌 상황에서도 절망하지 않고, 오히려 밤새 기도하며 하나님을 찬송했습니다. 더 나아가 그곳에서도 복음을 전해서 사람들을 구원으로 인도했습니다. 바울과 실라는 고난 속에서도 믿음으로 하나님의 놀라운 역사를 이루어 갔습니다.

바울과 실라는 고난의 상황에서 무엇을 했습니까?

첫째, 기도하고 찬송했습니다(23~25절).

바울과 실라는 빌립보에서 점치는 귀신 들린 여종을 치유한 일로 억울하게 잡혀서 매를 맞고 차가운 감옥에 갇혔습니다. 하지만 그들은 그 상황에서도 하나님께 기도하며 찬송했습니다. 그들의 찬송 소리는 죄수들에게 들렸고, 이는 그들의 믿음이 흔들리지 않았음을 증명했습니다. 그런데 한밤중에 갑자기 지진이 나서 옥터가 흔들리고, 감옥 문이 열리며, 모든 죄수의 결박이 풀리는 기적이 일어났습니다. 그들의 찬송과 기도를 들으신 하나님께서 역사하신 것입니다.

가장 어려운 순간에도 하나님을 찬양하는 믿음은 세상을 변화시키는 힘이 있습니다. 낙심하지 않고 하나님을 찬양하며 기도하는 것이야말로 진정한 믿음의 모습입니다.

둘째, 주의 말씀을 전했습니다(26~32절).

간수는 지진으로 옥문이 열린 것을 보고는 죄수들이 모두 도망친 줄로 알고 자결하려 했습니다. 그때 바울이 큰 소리로 외쳐 멈추게 했습니다. "우리가 모두 여기 그대로 있소!" 간수는 두려워 떨며 다가와 "내가 어떻게 해야 구원을 얻을 수 있습니까?"라고 물었습니다. 이에 바울과 실라는 "주 예수를 믿으시오. 그리하면 그대와 그대의 집안이 구원을 얻을 것입니다."라고 복음을 전했습니다. 간수 본인뿐만 아니라 가족 전체가 하나님의 구원의 은혜를 받을 수 있다는 선언이었습니다.

바울과 실라는 간수와 그의 가족에게 복음을 전해 구원의 길을 열어 주었습니다. 이는 복음이 개인을 넘어 가정과 사회로 전달되는 역사를 보여 줍니다. 우리도 '때를 얻든지 못 얻든지 말씀을 전파하라(딤후 4:2)'는 명령을 따라, 언제 어디서든 주의 말씀을 전하는 삶을 살아야 합니다.

셋째, 세례를 주었습니다(33~34절).

간수는 즉시 바울과 실라의 상처를 씻기고, 자신의 믿음을 행동으로 고백했습니다. 자신뿐만 아니라 온 가족과 함께 세례를 받았습니다. 그리고 바울과 실라를 자기 집으로 초대하여 음식을 대접하며, 온 가족이 하나님 안에서 기쁨을 누렸습니다.

한 가정 전체가 복음을 받아들이고 변화되었습니다. 간수와 그의 가족은 예수를 믿고 세례를 받아 새 삶을 시작하였고, 이는 빌립보 교회가 세워지는 중요한 단초가 되었습니다. 복음은 개인의 삶뿐만 아니라 가정과 공동체 전체를 변화시킵니다. 예수님은 우리를 세상의 소금과 빛으로 부르십니다. 나의 믿음이 한 개인에서 시작해 가정과 교회, 사회와 민족에까지 영향력을 넓혀가야 합니다.

바울과 실라는 고난 속에서도 하나님을 신뢰하며 행동했습니다. 그들의 기도와 찬송은 하나님의 능력을 드러냈고, 복음 전파는 간수와 그의 가족에게 구원의 길을 열어 주었습니다. 이처럼 어려운 상황에서 하나님을 의지하며 복음을 담대히 전할 때, 하나님의 놀라운 역사를 경험할 수 있습니다.

말씀 행하기

묵상 질문

1. 고난 중에 위로와 기쁨을 얻은 찬송은 무엇입니까?
2. 뜻하지 않게 복음을 전했던 경험에는 무엇이 있습니까?
3. 온 가족의 구원을 위해 어떻게 기도하고 있습니까?

삶에 적용하기

힘들고 어려운 상황에서도 소망을 품고 기도하고 찬양하여 응답받았던 경험을 서로 나누어 봅시다.

중보 기도 하나님 나라와 건강한 교회와 행복한 가정을 위해 기도합니다.
(나라와 민족, 담임목사와 교회, 선교사와 선교지, 속회원, 전도 대상 등 서로의 기도 제목을 나누고 함께 기도합니다.)

헌금/찬송 621장 찬양하라 내 영혼아

마침 기도 주님의 기도 (서로를 축복하며 삶의 자리로 나아갑니다.)

7. 24

30과 행동하는 믿음

한 주간의 삶 나누기

조용한 기도

찬송	336장 환난과 핍박 중에도
기도	맡은 이
오늘의 말씀	출애굽기 1장 15~22절
암송할 말씀	그러나 산파들이 하나님을 두려워하여 애굽 왕의 명령을 어기고 남자 아기들을 살린지라 (17)

말씀 나누기

세월이 흘러 요셉을 알지 못하는 새 왕이 일어나 애굽을 다스렸습니다. 그는 이스라엘의 번성에 위협을 느껴 강제 노동과 억압으로 괴롭혔습니다. 그러나 이스라엘은 학대받을수록 더욱 번성했습니다. 급기야 애굽 왕은 이스라엘의 남자 아기가 태어나면 죽이라는 무서운 명령을 내렸습니다. 그러나 산파들은 왕의 명령을 거부하며 행동하는 믿음을 보여 주었습니다.

행동하는 믿음은 무엇입니까?

첫째, 선택하는 믿음입니다(15~17절).

애굽 왕은 히브리 산파 십브라와 부아에게, 히브리 여인들이 아들을 낳으면 모두 죽이고 딸이면 살려 두라는 명령을 내렸습니다. 그러나 산파들은 하나님을 두려워하여 왕의 명령을 따르지 않고 남자 아기들을 살려 주었습니다.

남자 아기를 죽이라는 명령은 단순한 통제 행위가 아니라, 민족을 말살하려는 폭압이었습니다. 그러나 산파들은 이를 어기고 생명을 살리는 선택을 했습니다. 이 선택은 결코 쉽지 않았습니다. 지금까지 이룬 개인적 안정과 사회적 위치가 흔들릴 뿐만 아니라, 생명까지 위협받을 수 있음에도 그들은 믿음의 선택을 했습니다.

믿음은 수많은 유혹과 위협 속에서도 하나님을 선택하는 것입니다. 우리는 날마다 선택의 순간을 마주합니다. 이때 믿음으로 하나님을 선택하는 삶을 살아야 합니다.

둘째, 두려움을 이기는 믿음입니다(18~19절).

남자 아기를 살려 둔 일로 산파들은 애굽 왕에게 불려 갔습니다. 이유를 묻는 왕에게 산파들은 히브리 여인들은 애굽 여인과 달리 건강해서 자기들이 도착하기도 전에 아기를 낳았다고 둘러댔습니다. 산파들의 대답은 믿음의 담대함에서 비롯한 대응입니다. 그들은 최고의 권세 앞에서도 두려워하지 않고 하나님의 뜻을 따르며 생명을 보호했습니다.

성경은 권세자들에게 순종하라고 가르칩니다(롬 13:1). 그러나 그 권세가 하나님의 뜻을 거스를 때는 사람보다 하나님께 순종하는 것이 마땅합니다(행 5:29). 권세가 악할 때 믿음으로 그 권세에 맞설 수 있어야 합니다. 이것이 행동하는 믿음입니다. 우리도 불의한 권력 앞에 두려워하지 말고, 왜곡된 가치 앞에 눈감지 말고, 믿음으로 굳세게 맞서야 합니다.

셋째, 은혜를 경험하는 믿음입니다(20~22절).

산파들의 믿음의 결단은 헛되지 않았습니다. 이스라엘 백성은 날로 번성하고 강해졌습니다. 하나님은 산파들에게 은혜를 베풀어 주셨습니다. 하나님을 경외한 그들의 가정을 흥왕하게 하셨습니다. 또한 그들의 믿음 있는 행동을 기뻐하시고, 그 이름을 성경에 기록해 그들의 믿음이 오늘까지 기억되게 하셨습니다.

하나님은 믿음으로 선택하고 믿음으로 맞설 때, 반드시 놀라운 은혜로 응답하십니다. 산파들의 믿음을 통해 이스라엘 백성의 구속사를 이어가셨듯이, 우리의 작은 행동 하나도 하나님의 역사 안에서 쓰임받을 수 있습니다. 믿음으로 순종할 때 하나님의 은혜를 경험할 수 있습니다. 그 은혜는 상황을 이기는 힘이요, 미래를 여는 문입니다.

산파들은 두려움 속에서도 믿음으로 하나님을 선택하고, 믿음으로 두려움을 극복했습니다. 그런 그들에게 놀라운 하나님의 은혜가 임했습니다. 하나님은 행동하는 믿음을 기뻐하시고, 그 믿음 위에 은혜를 더하십니다. 믿음이 세상을 변화시킵니다. 우리도 행함 있는 믿음으로 하나님의 놀라운 복의 통로가 되어야 합니다.

말씀 행하기

묵상 질문

1. 하나님이 기뻐하시는 선택을 한 경험에는 무엇이 있습니까?
2. 믿음으로 두려움을 극복한 일에는 무엇이 있습니까?
3. 믿음의 결단으로 받은 하나님의 은혜는 무엇입니까?

삶에 적용하기

하루를 시작할 때, 어떤 상황에서도 주님의 뜻을 따르겠다고 기도하며 출발합시다.

중보 기도 하나님 나라와 건강한 교회와 행복한 가정을 위해 기도합니다.
(나라와 민족, 담임목사와 교회, 선교사와 선교지, 속회원, 전도 대상 등 서로의 기도 제목을 나누고 함께 기도합니다.)

헌금/찬송 342장 너 시험을 당해

마침 기도 주님의 기도 (서로를 축복하며 삶의 자리로 나아갑니다.)

7. 31 31과 능력을 주시는 하나님

한 주간의 삶 나누기

조용한 기도

찬송	196장 성령의 은사를
기도	맡은 이
오늘의 말씀	출애굽기 4장 1~17절
암송할 말씀	이제 가라 내가 네 입과 함께 있어서 할 말을 가르치리라 (12)

말씀 나누기

하나님이 모세를 이스라엘 백성의 지도자로 세워 그들을 애굽에서 구원하려고 하셨습니다. 그런데 모세는 자신의 부족함을 핑계로 하나님 말씀을 거부하려고 했습니다. 그렇지만 하나님은 모세가 자신의 능력이 아니라, 하나님의 능력으로 살기를 원하셨습니다.

하나님의 능력으로 살아가려면 어떻게 해야 합니까?

첫째, 하나님 말씀을 믿어야 합니다(1~9절).

하나님은 모세에게 "네가 그 백성을 애굽에서 인도하여 낸 후에 너희가 이 산에서 하나님을 섬기리니 이것이 내가 너를 보낸 증거니라(출 3:12)." 고 말씀하셨습니다. 그러나 모세는 사람들이 자기 말을 믿지 않을 것이라며 고개를 저었습니다. 하나님은 이런 모세에게 믿음을 주시기 위해 기적을 보여 주셨습니다. 모세가 하나님 말씀대로 지팡이를 땅에 던지자 뱀으로 변했고, 뱀의 꼬리를 잡자 다시 지팡이로 변했습니다. 또 하나님 말씀대로 손을 품에 넣었다가 빼자 손에 나병이 생겼고, 다시 넣었다가 빼자 원래 피부로 돌아왔습니다.

모세는 하나님 말씀대로 행할 때 그대로 이루어지는 기적을 경험했습니다. 이처럼 하나님 말씀대로 되는 기적을 경험하려면, 하나님 말씀을 믿고 순종해야 합니다.

둘째, 하나님의 도우심을 믿어야 합니다(10~12절).

하나님은 기적을 보여 주시면서까지 모세가 하나님의 능력으로 사명을 감당하길 원하셨습니다. 하지만 모세는 자신이 말재주가 없어서 수많은 이스라엘 백성을 인도할 수 없다고 핑계 댔습니다. 그러자 하나님은 사람의 입을 만든 것이 바로 자신임을 상기시키셨습니다. 말 못 하는 자도, 듣지 못하는 자도, 앞을 보는 자도, 보지 못하는 자도 모두 자신이 만들었음을 말씀하시며, 그러니 믿고 가라고 하셨습니다. 그리고 모세와 그의 입과 함께 하며 무슨 말을 해야 할지 가르쳐 주겠다고 약속도 해주셨습니다.

하나님은 머뭇거리는 모세에게 도움을 약속하셨습니다. 하나님은 사명을 맡은 사람을 혼자 두지 않으십니다. 그러니 내게 사명을 맡기시면 하나님의 도우심을 믿고 행해야 합니다. 그러면 하나님의 능력으로 살게 됩니다.

셋째, 동역자를 붙여 주심을 믿어야 합니다(13~17절).

하나님의 단호한 명령에도 모세는 그 일을 할 만한 다른 사람을 보내 달라고 했습니다. 하나님은 크게 노하셨습니다. 그러나 책망만 하시지 않고, 말 잘하는 아론을 동역자로 붙여 주겠다고 하셨습니다. 아론은 모세의 형이지만, 모세를 하나님처럼 섬기며 그를 대신해 백성 앞에서 말할 것이라고 하셨습니다.

하나님은 사람의 마음을 감동케 해 동역자로 세우시고, 하나님의 사람을 돕게 하십니다. 성경은 "하나님을 사랑하는 자 곧 그의 뜻대로 부르심을 입은 자들에게는 모든 것이 합력하여 선을 이루느니라(롬 8:28)."고 증언합니다. 하나님은 우리에게도 은사를 받은 동역자를 붙여 주십니다. 그러니 나의 부족함을 바라보며 낙심하지 말고, 필요를 따라 동역자를 붙여 주시는 하나님의 은혜로 살아야 합니다.

성도는 하나님의 능력으로 살아가야 합니다. 이를 위해서는 하나님의 말씀을 굳건히 믿어야 합니다. 하나님 말씀을 순전한 마음으로 받아 믿음으로 행할 때, 하나님의 도우심으로 살아갈 수 있습니다. 하나님은 필요를 따라 동역자를 붙여 주셔서 하나님의 능력으로 살아가는 복된 삶을 누리게 하십니다.

말씀 행하기

묵상 질문

1. 말씀을 믿어 경험했던 하나님의 기적에는 무엇이 있습니까?
2. 최근 경험한 하나님의 도우심은 무엇입니까?
3. 동역자를 붙여서 나의 부족함을 채워 주신 일에는 무엇이 있습니까?

삶에 적용하기

하나님이 내게 붙여 주신 동역자를 찾아 그의 은사에 대해 나누고, 합력할 방법을 찾아봅시다.

중보 기도 하나님 나라와 건강한 교회와 행복한 가정을 위해 기도합니다.
(나라와 민족, 담임목사와 교회, 선교사와 선교지, 속회원, 전도 대상 등 서로의 기도 제목을 나누고 함께 기도합니다.)

헌금/찬송 214장 나 주의 도움 받고자

마침 기도 주님의 기도 (서로를 축복하며 삶의 자리로 나아갑니다.)

8.7

32과 여룹바알의 믿음

한 주간의 삶 나누기

조용한 기도

찬송 353장 십자가 군병 되어서

기도 맡은 이

오늘의 말씀 사사기 6장 25~32절

암송할 말씀 그 날에 기드온을 여룹바알이라 불렀으니 이는 그가 바알의 제단을 파괴하였으므로 바알이 그와 더불어 다툴 것이라 함이었더라 (32)

말씀 나누기

기드온은 평범한 사람입니다. 오히려 미디안의 위협 앞에 몸을 숨기던 연약한 사람입니다. 그런데 하나님은 그를 불러 놀라운 사명을 맡기셨습니다. 기드온은 두려움 속에서도 순종함으로 사명을 감당했습니다. 때로는 한 사람의 사명이나 삶의 태도가 그를 설명하는 새로운 이름이 되기도 합니다. 기드온은 '여룹바알'이라는 새 이름을 얻었습니다.

기드온은 어떻게 새 이름을 얻었습니까?

첫째, 여호와를 위해 제단을 쌓았습니다(25~26절).

하나님께서 기드온에게 주신 첫 사명은 우상의 제단을 헐고 여호와의 제단을 세우는 일이었습니다. 그의 아버지가 관리하는 바알의 제단과 그 옆에 있는 아세라 상을 찍어 버리고, 산성 꼭대기에 여호와를 위해 규례대로 제단을 쌓은 후 찍어 낸 아세라 상의 나무로 번제를 드리라는 것이었습니다. 기드온은 명령을 따라 여호와를 위한 새로운 제단을 세웠습니다. 이렇게 그가 바알의 제단을 헐었기 때문에 바알이 그와 맞설 것이라 해서 기드온은 '여룹바알'이라는 새 이름을 얻었습니다.

기드온이 바알 제단을 헐었다는 것은 그가 하나님 외에 다른 것을 의지하거나 섬기는 일을 모두 내려놓았음을 의미합니다. 우리도 삶에서 우상을 없애고 하나님만을 섬기는 정결한 마음과 태도를 가져야 합니다.

둘째, 하나님 말씀대로 행했습니다(27절).

기드온은 종 열 명을 데리고 여호와의 말씀대로 행했습니다. 그러나 그의 아버지 가문과 성읍 사람들이 두려워, 바알 제단 허무는 일을 낮이 아닌 밤에 행했습니다. 무섭고 떨렸지만 하나님 말씀을 따라 바알과 맞서 싸웠습니다. 결국 기드온을 통해 바알 제단은 허물어지고 여호와의 제단이 세워졌습니다.

모세는 가나안 땅을 앞둔 이스라엘 백성에게 "여호와께서 너희에게 명령하신 모든 도를 행하라 그리하면 너희가 살 것이요 복이 너희에게 있을 것이며(신 5:33)."라고 당부했습니다. 하나님 뜻에 순종하다 보면 두려운 일을 만나기도 하지만, 말씀대로 행하면 하나님의 능력이 나타납니다. 오직 그 능력으로만 맡겨 주신 사명을 감당할 수 있습니다.

셋째, 바알 제단을 헐고 바알과 다투었습니다(28~32절).

다음 날 아침 일찍 성읍 사람들이 일어나 보니 바알 제단이 완전히 무너져 있었습니다. 그들은 이 일이 요아스의 아들 기드온이 한 일임을 알았습니다. 분노한 사람들이 요아스에게 "네 아들을 당장 끌어내라. 그는 바알 제단을 헐고 아세라 상을 찍어 버렸으니 죽어 마땅하다."라고 소리쳤습니다. 그 말에 요아스는 "너희가 왜 바알을 위해 싸우려 하느냐. 바알이 정말 신이라면, 그가 제단을 파괴한 자와 직접 싸우게 두라."고 응수했습니다. 그날부터 사람들은 기드온을 '바알과 다투는 자'라는 의미의 '여룹바알'이라고 불렀습니다.

기드온은 우상을 무너뜨리는 용기 있는 믿음의 행동으로 새 이름을 얻었습니다. 우리도 삶에서 여룹바알, 즉 '하나님 편에서 세상과 다투는 자'라는 이름으로 기억되어야 합니다.

하나님은 우리가 삶에서 우상을 없애고 하나님만 섬기길 원하십니다. 하나님 말씀에 순종하다 보면, 세상의 반대와 비난에 직면할 수 있습니다. 그러나 두려움 속에서도 하나님이 함께하며 힘 주심을 믿고 용기를 내서 나아가면, 우리도 하나님 뜻을 이루는 도구로 쓰임받게 됩니다.

말씀 행하기

묵상 질문

1. 내가 내려놓아야 할 우상은 무엇입니까?
2. 하나님 말씀에 순종함으로 어떤 복을 받았습니까?
3. 내가 얻은 믿음의 새 별명은 무엇입니까?

삶에 적용하기

'하나님 편에서 세상과 다투는 자(여룹바알)'로 살아가기 위해 해야 할 일을 나누고 실천해 봅시다.

중보 기도 하나님 나라와 건강한 교회와 행복한 가정을 위해 기도합니다.
(나라와 민족, 담임목사와 교회, 선교사와 선교지, 속회원, 전도 대상 등 서로의 기도 제목을 나누고 함께 기도합니다.)

헌금/찬송 322장 세상의 헛된 신을 버리고

마침 기도 주님의 기도 (서로를 축복하며 삶의 자리로 나아갑니다.)

8.14

33과 내 마음이 확정되었으니

한 주간의 삶 나누기

조용한 기도

찬송 410장 내 맘에 한 노래 있어

기도 맡은 이

오늘의 말씀 시편 57편 6~11절

암송할 말씀 하나님이여 내 마음이 확정되었고 내 마음이 확정되었사오니 내가 노래하고 내가 찬송하리이다 (7)

말씀 나누기

사울은 다윗을 죽이려고 3천 명이나 되는 수색 부대를 조직해서 다윗의 뒤를 집요하게 쫓았습니다. 다윗은 사울을 피해 적국(敵國)인 블레셋으로 도망갔다가 결국 아둘람 굴에 숨어 지내는 신세가 되었습니다. 자기 목숨 하나 부지하기 버거운 상황이지만, 그는 하나님을 향한 마음을 확정하고 믿음으로 시편을 지었습니다.

다윗은 하나님을 향해 무엇을 확정했습니까?

첫째, 찬송하는 마음입니다(6~7절).

다윗은 "하나님이여 내 마음이 확정되었고 내 마음이 확정되었사오니 내가 노래하고 내가 찬송하리이다(7)."라고 고백하고, 하나님의 영광이 온 땅에 퍼지기를 바라며 찬송을 멈추지 않았습니다. 비록 간절한 간구에도 원수들에게 쫓기는 상황은 변하지 않았지만, 다윗은 죽음의 문턱에서조차 흔들림 없는 믿음으로 하나님을 찬양하기로 결단했습니다. 이는 그가 하나님의 구원하심을 확신하고, 지켜 주심을 경험했기 때문입니다. 그의 찬송은 고난 속에서도 하나님을 높이며 구원의 은혜를 선포하는 신앙고백이었습니다.

다윗은 여호와께 찬송하는 마음을 확정함으로써 믿음의 본을 보였습니다. 우리도 하나님의 영광을 위해 고난이 올 때마다 마음을 확정하고 찬송하는 삶을 살아야 합니다.

둘째, 기도하는 마음입니다(8절).

다윗은 사울에게 쫓겨 동굴에 숨어 있을 때도 하나님께 은혜를 구했습니다. “내 영광아 깰지어다 비파야, 수금아, 깰지어다 내가 새벽을 깨우리로다(8).”라고 노래하며 새벽을 깨워 기도했습니다. 자신을 해하려는 자들의 음모와 비방 속에서도, 하나님께서 인자와 진리로 구원하심을 믿고 담대히 부르짖었습니다.

다윗의 마음은 상황이나 환경에 흔들리지 않았습니다. 아무리 상황이 엄혹해도 찬양으로 하나님께 영광을 돌리고, 기도로 하나님께서 피난처 되심을 경험했습니다. 하나님의 보호하심을 구하는 간절한 기도는 살아 계신 하나님을 경험하는 은혜의 통로입니다. 그러므로 어떤 상황에서도 새벽을 깨우며 기도해야 합니다.

셋째, 감사하는 마음입니다(9~11절).

다윗은 “주여 내가 만민 중에서 주께 감사하오며 뭇 나라 중에서 주를 찬송하리이다(9).”라고 고백하며 고난 중에도 하나님께 감사하는 마음을 확정했습니다. 그리고 하나님의 진실하심과 인자가 하늘과 궁창에까지 이른다는 사실을 마음에 새겼습니다. 이는 자신의 걸음을 막으려는 자들의 계략을 하나님께서 무너뜨리실 것을 믿고 감사하는 것입니다. 다윗은 하나님을 지극히 높으신 분으로 고백하며, 그분의 영광이 온 세상에 드러나기를 소망했습니다. 그리고 그 하나님을 만민과 열방 가운데서 찬양하겠다고 노래했습니다.

다윗이 드린 감사는 믿음의 표현이었습니다. 우리 역시 환난 중에도 하나님의 인자와 진리를 신뢰하며, 어떤 상황에서도 감사의 마음을 잊지 말아야 합니다.

하나님은 세상 만물의 창조주이십니다. 또한 우리의 생사화복을 주관하시는 인생의 주인이십니다. 다윗은 절체절명의 순간에도 하나님을 찬송하며, 주님이 영광 받기에 합당하신 분임을 고백했습니다. 우리도 환난을 만났을 때 새벽을 깨우며 기도하고, 하나님을 찬송하며 감사하는 마음을 더욱 확고히 해야 합니다.

말씀 행하기

묵상 질문

1. 찬송하고 싶은 마음으로 충만했던 때는 언제입니까?
2. 특별히 구별한 기도 시간은 언제입니까?
3. 가장 크게 감사했던 일은 무엇입니까?

삶에 적용하기

하나님을 기쁘시게 하려는 마음으로 행한 일을 한 가지씩 나누어 봅시다.

중보 기도 하나님 나라와 건강한 교회와 행복한 가정을 위해 기도합니다.
(나라와 민족, 담임목사와 교회, 선교사와 선교지, 속회원, 전도 대상 등 서로의 기도 제목을 나누고 함께 기도합니다.)

헌금/찬송 289장 주 예수 내 맘에 들어와

마침 기도 주님의 기도 (서로를 축복하며 삶의 자리로 나아갑니다.)

8.21

34과 듣는 마음

한 주간의 삶 나누기	
조용한 기도	
찬송	540장 주의 음성을 내가 들으니
기도	맡은 이
오늘의 말씀	열왕기상 3장 1~15절
암송할 말씀	누가 주의 이 많은 백성을 재판할 수 있사오리이까 듣는 마음을 종에게 주사 주의 백성을 재판하여 선악을 분별하게 하옵소서 (9)

말씀 나누기

솔로몬은 성전을 건축하기 전 기브온 산당에서 일천 번제를 드렸습니다. 그날 밤 꿈에 나타나신 하나님은 "내가 네게 무엇을 주기를 원하느냐. 내게 구하라."고 말씀하셨습니다. 솔로몬은 듣는 마음을 간구했습니다. 하나님은 그의 겸손한 간구를 기뻐하시며, 지혜뿐 아니라 부귀와 영광까지 함께 약속하셨습니다.

솔로몬이 간구한 듣는 마음은 무엇입니까?

첫째, 하나님을 사랑하는 마음입니다(1~3절).

왕위에 오른 솔로몬은 하나님을 사랑하는 마음으로 제사를 드렸습니다. "솔로몬이 여호와를 사랑하고 그의 아버지 다윗의 법도를 행하였으나 산당에서 제사하며 분향하더라(3)." 당시까지도 성전이 없었기에 산당에서 제사를 드렸지만, 솔로몬의 중심에는 하나님을 향한 진실한 사랑이 있었습니다.

하나님을 사랑하는 마음은 그분의 뜻을 구하게 하고, 그 음성에 귀 기울이게 만듭니다. 듣는 마음은 사람의 감정에서 나오는 것이 아니라, 하나님을 사랑하는 데서 비롯됩니다. 하나님을 향한 사랑이 깊어질수록 그분의 말씀도 더욱 분명하게 들립니다. 그러므로 하나님의 음성을 듣기 원하면, 먼저 하나님을 더욱 사랑해야 합니다.

둘째, 하나님의 뜻을 분별하는 마음입니다(4~9절).

솔로몬은 일천 번제를 드린 후 꿈에 나타나신 하나님께 "듣는 마음을 종에게 주사 주의 백성을 재판하여 선악을 분별하게 하옵소서(9)."라고 간구했습니다. 그는 수많은 백성을 다스리는 왕으로서 자신이 여전히 부족함을 인정했습니다. 그래서 하나님의 뜻을 분별하여 공의롭게 판단할 지혜를 구했습니다.

듣는 마음은 단순히 정보를 받아들이는 능력이 아니라, 하나님과의 깊은 교제 속에서 그분의 뜻을 분별하고 옳고 그름을 바르게 판단하는 영적 지혜를 의미합니다. 하나님 뜻을 분별하려는 간구는 하나님을 기쁘시게 합니다. 우리는 혼란과 갈등으로 점철된 이 시대에 하나님 말씀 앞에 겸손히 서야 합니다. 하나님의 뜻을 분별하여 선과 악을 바르게 판단하는 지혜를 간절히 구해야 합니다.

셋째, 하나님 명령에 순종하는 마음입니다(10~15절).

솔로몬의 겸손하고 지혜로운 간구는 하나님을 매우 기쁘시게 했습니다. 장수나 부귀, 원수의 멸망처럼 자신을 위한 것이 아니라 백성을 위한 지혜를 구한 점을 칭찬하시며, 구하지 않은 부귀와 영광까지 더해 주겠다고 약속하셨습니다. 그런데 하나님은 이 모든 축복을 약속하시며 한 가지 전제를 말씀하셨습니다. "네가 만일 네 아버지 다윗이 행함 같이 내 길로 행하며 내 법도와 명령을 지키면(14)." 하나님의 축복은 단지 간구함에서 이루어지는 것이 아닙니다. 삶으로 그분의 뜻을 따르고 그 명령에 순종할 때 더욱 풍성히 임합니다.

듣는 마음은 말씀을 깨닫는 데서 멈추지 않고 순종으로 연결되는 삶의 태도입니다. 우리도 하나님 말씀을 듣고 순종할 때 주님께서 예비하신 은혜와 복을 누릴 수 있습니다.

솔로몬이 구한 듣는 마음은 하나님을 향한 사랑, 하나님의 뜻을 분별하는 지혜, 그리고 말씀에 순종하는 삶에서 비롯되었습니다. 우리도 하나님의 음성을 듣는 지혜를 원한다면, 먼저 하나님을 사랑하고 그분의 뜻을 구하며 들은 말씀에 순종하는 삶으로 나아가야 합니다.

말씀 행하기

묵상 질문

1. 하나님을 사랑하는 마음으로 그 음성에 귀 기울이고 있습니까?
2. 하나님의 뜻을 분별했던 경험이 있습니까? 언제였습니까?
3. 하나님께 순종해서 복을 받은 일에는 무엇이 있습니까?

삶에 적용하기

하루에 한 번 말씀 앞에 조용히 멈추어 서서 하나님의 음성을 듣는 시간을 가져 봅시다.

중보 기도 하나님 나라와 건강한 교회와 행복한 가정을 위해 기도합니다.
(나라와 민족, 담임목사와 교회, 선교사와 선교지, 속회원, 전도 대상 등 서로의 기도 제목을 나누고 함께 기도합니다.)

헌금/찬송 524장 갈 길을 밝히 보이시니

마침 기도 주님의 기도 (서로를 축복하며 삶의 자리로 나아갑니다.)

8.28 35과 사르밧 과부의 믿음

한 주간의 삶 나누기

조용한 기도

찬송 323장 부름 받아 나선 이 몸

기도 맡은 이

오늘의 말씀 열왕기상 17장 8~16절

암송할 말씀 그가 가서 엘리야의 말대로 하였더니 그와 엘리야와 그의 식구가 여러 날 먹었으나 여호와께서 엘리야를 통하여 하신 말씀 같이 통의 가루가 떨어지지 아니하고 병의 기름이 없어지지 아니하니라 (15~16)

말씀 나누기

하나님은 북이스라엘의 아합 왕이 아내 이세벨을 따라 우상을 섬긴 일로 진노하셨습니다. 그래서 엘리야를 그에게 보내 하나님의 말씀이 없으면 수년 동안 비도 이슬도 없을 것이라고 예언하게 하셨습니다. 가뭄이 심해지자 엘리야는 하나님의 명령을 따라 사르밧에 사는 과부에게로 가서 지냈습니다.

사르밧 과부의 믿음은 어떤 믿음입니까?

첫째, 생명을 내어주는 믿음입니다(8~12절).

하나님의 명령을 받은 엘리야는 사르밧으로 가서 나뭇가지를 줍고 있는 한 과부를 만났습니다. 그는 과부에게 물을 청하면서 떡 한 조각도 부탁했습니다. 그의 요청에 과부는 "당신의 하나님 여호와께서 살아 계심을 두고 맹세합니다."라면서 자신의 상황을 설명했습니다. 떡이 있기는커녕 마지막 남은 가루와 기름으로 음식을 만들어서 아들과 함께 먹고 그 후에는 죽으려 한다고 했습니다.

이렇게 사정이 절박했던 사르밧 과부가 엘리야에게 떡을 대접한 것은 자신과 아들의 생명을 내어주는 일이었습니다. 죽음도 마다하지 않는 믿음이었습니다. 우리도 생명을 내어주는 믿음으로 이웃을 섬기고 대접하기를 힘써야 합니다.

둘째, 말씀에 순종하는 믿음입니다(13~15절).

엘리야 선지자는 사르밧 과부에게 "마지막 먹을 떡을 먼저 나를 위해 만들어 오고, 그 후에 너와 네 아들을 위해 만들라."고 했습니다. 이는 좀처럼 이해하기 어려운 명령입니다. 마지막 떡을 만들어 선지자를 대접하면, 과부 자신과 아들은 더 이상 먹을 것이 없는데 '그 후'를 언급했습니다. 성경은 엘리야가 명령과 함께 약속도 덧붙였음을 증언합니다. 하나님이 가뭄을 그치게 하실 때까지 통의 가루와 병의 기름이 떨어지지 않게 하시리라는 것입니다. 사르밧 과부는 이 약속을 믿고 명령에 순종하여 선지자에게 떡을 대접했습니다.

쉽게 이해할 수 없고 순종하기 어려운 명령일지라도, 하나님의 약속을 믿고 순종하면 복이 됩니다. 하나님은 지금 우리에게도 이런 순종을 원하십니다.

셋째, 마르지 않는 복을 받은 믿음입니다(16절).

엘리야 선지자가 전한 하나님 말씀을 믿고 순종했을 때, 사르밧 과부에게 놀라운 일이 일어났습니다. 분명히 마지막 가루로 떡을 만들어 선지자를 대접했는데, 통의 가루와 병의 기름이 자꾸만 다시 채워져서 그 후로도 계속해서 떡을 만들어 먹을 수 있었습니다.

사르밧 과부는 목숨을 다해 하나님의 명령에 순종하고, 하나님의 약속을 굳게 믿음으로 가루통과 기름병이 마르지 않는 복을 받았습니다. 순종하기 어려운 상황에서도 순종하고, 믿기 어려운 형편에서도 믿고 따랐기에 받은 놀라운 은혜입니다. 하나님의 복은 믿음이라는 통로를 통해 임하며, 순종하는 사람에게 주어집니다. 우리도 하나님의 약속을 믿음으로 받고, 명령에 힘써 순종할 때 마르지 않는 복을 받아 누릴 수 있습니다.

하나님은 가뭄으로 죽음의 문턱에 이른 가난한 과부와 그 아들을 기억하시고 엘리야 선지자를 보내 주셨습니다. 사르밧 과부는 생명을 걸고 말씀에 순종하는 믿음으로 놀라운 기적의 주인공이 되었습니다. 우리도 상황과 형편을 뛰어넘는 그의 순종과 믿음을 본받아 삶에서 하나님의 기적을 체험해야 합니다.

말씀 행하기

묵상 질문

1. 주님을 위해 내가 가진 귀한 것 중 무엇을 드렸습니까?
2. 어려운 상황에서 하나님 말씀에 순종했던 일에는 무엇이 있습니까?
3. 말씀에 순종하여 어떤 복을 받았습니까?

삶에 적용하기

어려운 형편에서도 하나님 명령에 순종하려면 어떻게 해야 하는지 함께 생각해 봅시다

중보 기도 하나님 나라와 건강한 교회와 행복한 가정을 위해 기도합니다.
(나라와 민족, 담임목사와 교회, 선교사와 선교지, 속회원, 전도 대상 등 서로의 기도 제목을 나누고 함께 기도합니다.)

헌금/찬송 321장 날 대속하신 예수께

마침 기도 주님의 기도 (서로를 축복하며 삶의 자리로 나아갑니다.)

9.4 36과 엘리야의 담대한 용기

한 주간의 삶 나누기

조용한 기도

찬송 369장 죄짐 맡은 우리 구주

기도 맡은 이

오늘의 말씀 열왕기상 18장 16~24절

암송할 말씀 너희는 너희 신의 이름을 부르라 나는 여호와의 이름을 부르리니 이에 불로 응답하는 신 그가 하나님이니라 백성이 다 대답하되 그 말이 옳도다 하니라 (24)

말씀 나누기

엘리야는 북이스라엘이 영적으로 가장 암울했던 아합 왕 시대에 활동했습니다. 그는 이방 선지자 850명과 하늘에서 불이 떨어져 제단을 태우도록 하는 영적 싸움을 했습니다. 엘리야는 혼자였고, 상대는 다수였습니다. 절대적으로 불리해 보이는 상황이었지만, 엘리야는 담대한 용기를 잃지 않았습니다.

엘리야의 담대한 용기는 어디에서 나왔습니까?

첫째, 하나님의 약속에서 나왔습니다(16~19절).

엘리야가 아합을 만나러 갔을 때, 아합이 엘리야를 지칭한 말은 '이스라엘을 괴롭히는 자'였습니다. 왜냐하면 엘리야가 말한 대로 이스라엘에 수 년 동안 비가 멈추었기 때문입니다(왕상 17:1). 엘리야는 자신이 이스라엘을 괴롭게 한 것이 아니라, 아합과 그의 아버지의 집이 하나님께 불순종하고 우상을 섬겨서 이스라엘이 괴롭게 되었음을 알려 주었습니다. 그러면서 아합에게 참 신이 누구인지 가리는 영적 대결을 제안했습니다.

엘리야가 담대한 용기를 가질 수 있었던 것은 약속의 말씀을 붙들었기 때문입니다(왕상 18:1). 담대함은 하나님의 약속을 붙드는 사람에게 주시는 선물입니다(딤후 1:7). 그러므로 환경이나 사람이 아닌, 하나님의 약속을 붙들고 나아가야 합니다.

둘째, 하나님이 세우신 종이라는 정체성에서 나왔습니다(20~22절).

아합은 바알 선지자 450명, 아세라 선지자 400명을 갈멜 산으로 모이게 했습니다. 그들은 하늘에서 불이 떨어지게 하기 위해 한나절 내내 송아지의 각을 뜨고, 바알의 이름을 부르며 자해를 했습니다. 그러나 그들의 제단에는 정적만이 흘렀습니다.

엘리야는 혼자였으나 흔들림 없이 담대했습니다. 그 이유는 그가 백성에게 했던 '여호와의 선지자는 나'라는 말에 잘 드러납니다. 엘리야는 자신이 사람의 종도 세상의 종도 아닌 '여호와의 세우신 종'이라는 확신이 있었습니다.

세상을 이기는 담대함의 비결은 자신이 하나님께 선택받은 사람이라는 자기 정체성에 있습니다. 하나님이 세우신 사람이라는 정체성을 확고히 할 때, 담대한 용기로 세상과 맞설 수 있습니다.

셋째, 하나님이 응답하신다는 믿음에서 나왔습니다(23~24절).

거짓 선지자들이 하늘에서 불을 내려오게 하지 못하자, 엘리야는 모든 백성을 자기 앞으로 모이게 했습니다. 그는 돌 12개를 취한 후 그것으로 이스라엘의 회복될 제단을 의미하는 제단을 쌓고, 주위에 물이 흐르도록 도랑을 만들었습니다. 그런 다음 송아지의 각을 떠서 나무 위에 놓고, 통 넷에 물을 채워다가 번제물과 나무 위에 붓고, 물이 제단에 넘치도록 세 번을 반복하게 했습니다. 저녁 소제 드릴 때가 되자 엘리야는 "여호와여, 내게 응답하옵소서."라고 기도했습니다. 그러자 하늘에서 엄청난 불이 내려오더니 도랑의 물을 모두 말리고 제단과 번제물을 태워 버렸습니다.

엘리야의 담대한 용기는 하나님께서 반드시 기도에 응답하신다는 믿음에서 나왔습니다. 응답을 확신하는 믿음이 세상에서 승리하는 담대함의 근원입니다.

담대한 용기는 하나님이 믿음의 사람에게 주시는 선물입니다. 담대한 마음은 말씀을 붙잡을 때 생깁니다. 나는 하나님이 선택하여 세우신 사람이라는 확신에서 나옵니다. 무엇보다 하나님은 기도에 응답하신다는 믿음에서 비롯됩니다. 우리도 담대한 용기로 세상에서 승리하는 성도가 되어야 합니다.

말씀 행하기

묵상 질문

1. 말씀을 굳게 붙잡아 어떤 담대함을 받았습니까?
2. 나는 하나님이 세우신 사람이라는 확신이 들었던 때는 언제입니까?
3. 최근에 받은 기도 응답은 무엇입니까?

삶에 적용하기

한 주 동안 하루에 한 번씩 10분 이상 시간을 정해 기도하고, 받은 응답을 나누어 봅시다.

중보 기도 하나님 나라와 건강한 교회와 행복한 가정을 위해 기도합니다.
(나라와 민족, 담임목사와 교회, 선교사와 선교지, 속회원, 전도 대상 등 서로의 기도 제목을 나누고 함께 기도합니다.)

헌금/찬송 364장 내 기도하는 그 시간

마침 기도 주님의 기도 (서로를 축복하며 삶의 자리로 나아갑니다.)

9.11

37과 끝까지 구하는 믿음

한 주간의 삶 나누기

조용한 기도

찬송 199장 나의 사랑하는 책

기도 맡은 이

오늘의 말씀 열왕기하 2장 1~14절

암송할 말씀 엘리사가 이르되 당신의 성령이 하시는 역사가 갑절이나 내게 있게 하소서 하는지라 (9하)

말씀 나누기

스승 엘리야의 승천을 목격한 엘리사는 그의 사역을 이어받기를 원했습니다. 그는 끝까지 스승을 따르며 성령의 역사를 구했습니다. 그 결과 하나님의 능력으로 요단강을 가르는 놀라운 일을 행했습니다. 끝까지 구하는 그의 믿음은 하나님의 역사를 어떻게 이루는지 잘 보여 줍니다.

엘리사가 보여 준 믿음은 무엇입니까?

첫째, 곁을 끝까지 떠나지 않았습니다(1~2절).

엘리야는 승천을 앞두고 길갈, 벧엘, 여리고, 요단강으로 이동하며 엘리사에게 여러 번 그곳에 머물라고 했습니다. 그러나 엘리사는 "여호와께서 살아 계심과 당신의 영혼이 살아 있음을 두고 맹세하노니 내가 당신을 떠나지 아니하겠나이다(2)."라고 답하며 끝까지 스승 곁을 떠나지 않았습니다. 스승이 걸었던 선지자의 길을 포기하지 않겠다는 강한 의지를 드러낸 것입니다.

엘리야를 따르는 길은 험난했지만, 엘리사는 그 길이 하나님께서 자신에게 맡기신 사명임을 확신했습니다. 즉 그의 끈질긴 동행은 스승에 대한 존경뿐만 아니라, 하나님의 부르심에 대한 순종이었습니다. 주님의 십자가 길을 걷는 우리도 마찬가지입니다. 스승이신 예수 그리스도를 믿음으로, 힘들고 어렵더라도 포기하지 말고 따라야 합니다.

둘째, 갑절의 영을 구했습니다(3~11절).

요단강을 건넌 후 엘리야는 엘리사에게 소원을 말하라고 했습니다. 엘리사는 "당신의 성령이 하시는 역사가 갑절이나 내게 있게 하소서(9)."라고 요청했습니다. 여기서 갑절이란 두 배의 능력이 아니라, 엘리야의 사역을 계승하는 영적 장자권을 의미합니다. 장자의 권리는 아버지의 재산을 두 배로 물려받아 집안의 유업을 이어가는 것이었습니다. 엘리야는 엘리사의 요청이 어려운 일이라며, 자신이 떠나는 것을 볼 수 있다면 그 일이 이루어질 것이라고 답했습니다. 이후 불 수레와 불 말들이 나타나 엘리야를 하늘로 데려갔고, 엘리사는 그 모습을 목격하며 자신의 요청이 이루어졌음을 확신했습니다.

우리도 예수 그리스도의 장자의 권리를 받기 위해 믿음으로 성령의 능력을 구해야 합니다.

셋째, 물을 가르고 건너갔습니다(12~14절).

엘리야가 승천한 후 엘리사는 슬픔에 잠겨 스승의 겉옷을 집어 들고 요단강으로 갔습니다. 그러고는 옷으로 강물을 치며 "엘리야의 하나님 여호와는 어디 계시니이까(14)."라고 외쳤습니다. 그러자 강물이 갈라지고 마른 땅이 드러났습니다. 이는 하나님의 능력이 이제 엘리사에게 임했음을 증명하는 기적이었습니다. 엘리사는 이 일을 통해 자신이 스승의 사역을 계승했음을 확인하고, 하나님의 능력이 여전히 이스라엘 가운데 역사하고 있음을 선포했습니다.

하나님의 사역은 하나님의 사람들을 통해 계속 이어집니다. 예수님도 열두 제자를 부르시고 말씀으로 세워 세상을 향해 보내셨습니다. 그리고 우리도 보내셨습니다. 그러므로 날마다 하나님이 주신 능력을 덧입어 복음을 증거하는 증인의 삶을 살아가야 합니다.

엘리사는 절대적인 신뢰와 헌신의 믿음을 보여 주었습니다. 그는 끝까지 스승 곁을 떠나지 않고, 성령의 역사를 구하며, 하나님의 능력으로 요단강을 가르는 놀라운 일을 행했습니다. 엘리사처럼 하나님께 순종하고 맡겨진 사명을 감당할 때, 하나님의 역사가 우리를 통해 세상에 드러납니다.

말씀 행하기

묵상 질문

1. 포기하지 않고 기도했던 적은 언제입니까?
2. 힘든 일을 끝까지 이루었던 경험에는 무엇이 있습니까?
3. 신앙생활을 하면서 경험한 기적은 무엇입니까?

삶에 적용하기

힘들고 어려운 일을 하나님의 능력으로 극복했던 경험을 서로 나누어 봅시다.

중보 기도 하나님 나라와 건강한 교회와 행복한 가정을 위해 기도합니다.
(나라와 민족, 담임목사와 교회, 선교사와 선교지, 속회원, 전도 대상 등 서로의 기도 제목을 나누고 함께 기도합니다.)

헌금/찬송 502장 빛의 사자들이여

마침 기도 주님의 기도 (서로를 축복하며 삶의 자리로 나아갑니다.)

9.18

38과 해산할 힘조차 없을 때

한 주간의 삶 나누기

조용한 기도

찬송 543장 어려운 일 당할 때

기도 맡은 이

오늘의 말씀 열왕기하 19장 20~34절

암송할 말씀 내가 나와 나의 종 다윗을 위하여 이 성을 보호하여 구원하리라 하셨나이다 하였더라 (34)

말씀 나누기

유다 왕 히스기야는 앗수르 왕 산헤립의 침공으로 엄청난 어려움에 직면했습니다. 예루살렘 성은 포위되었고, 유다는 멸망 직전에 이르렀습니다. 도저히 길을 찾을 수 없고, 모든 것이 끝난 듯 보였습니다. 히스기야는 마치 아이를 낳을 때가 되었으나 해산할 힘이 없는 여인처럼 절체절명의 순간을 맞았습니다.

해산할 힘조차 없을 때 어떻게 해야 합니까?

첫째, 절망하지 말고 기도해야 합니다(20절).

히스기야는 산헤립이 보낸 위협적인 편지를 읽고 나서, 그것을 들고 성전에 올라가 하나님 앞에 펴 놓고 부르짖었습니다. 하나님만이 하늘과 땅을 짓고 이 세상을 다스리시는 분이라고 고백하면서, 하나님을 모욕하고 유다를 정복하려는 산헤립으로부터 구원해 달라고 간구했습니다. 이사야 선지자는 그의 기도가 하나님께 상달되었음을 알려 주었습니다.

히스기야는 정치적 행보나 군사적 대응보다 먼저 하나님 앞에 무릎을 꿇었습니다. 진실하게 모든 상황을 하나님께 아뢰고 도우심을 바랐습니다. 기도는 하나님께 길이 있음을 믿는 믿음의 고백입니다. 인생의 위기 앞에서 먼저 하나님께 기도해야 합니다. 하나님께 엎드리는 기도가 절망의 문을 열고 희망으로 나아가는 열쇠입니다.

둘째, 하나님의 주권을 신뢰해야 합니다(21~28절).

하나님은 처녀 딸 시온이 산헤립을 조롱할 것이라고 말씀하셨습니다. 산헤립이 하나님을 모욕하며 자신이 여러 나라를 정복했다고 자랑했지만, 하나님은 그 모든 일이 이미 오래전부터 계획된 것이라고 하셨습니다. 당신이 산헤립의 거처, 출입, 행동까지 모두 알고 있으며 통제한다고 하시면서, 결국 그의 코에는 갈고리가 꿰이고 입에는 재갈이 물린 채 돌아갈 것이라고 일러 주셨습니다.

산헤립은 자신의 군사력과 정복 능력을 자랑했습니다. 그러나 하나님은 그가 한 일조차 당신의 계획과 섭리 안에서 일어난 일이라고 하셨습니다. 세상의 모든 사건과 역사는 하나님의 손 아래 있습니다. 믿음의 사람은 하나님의 주권을 신뢰합니다. 아무리 절망적인 상황에서도 하나님이 모든 것을 주관하며 다스리심을 믿습니다.

셋째, 하나님의 약속을 믿어야 합니다(29~34절).

하나님은 유다 회복의 증거로 3년에 걸친 결실과 농사 회복을 약속하셨습니다. 남은 자는 예루살렘에서 다시 뿌리를 내리고 열매를 맺을 것이라고 하셨습니다. 또한 하나님의 종 다윗을 위해 예루살렘 성을 친히 보호할 것이라고 하셨습니다.

하나님의 구원은 단순히 파괴를 막는 것이 아니라, 풍성한 열매로 이어지는 회복입니다. 하나님이 예루살렘 성을 보호하시는 것은 유다가 자격이 있어서가 아니라, 오직 하나님의 약속에 기초합니다. 하나님은 약속을 신실히 지키시는 분입니다. 이 약속은 우리에게도 동일합니다. 하나님의 구원은 과거에도, 지금도, 미래에도 변함없습니다. 삶의 고통 앞에서 해산할 힘조차 없는 절망의 순간에도 하나님은 구원의 손을 내밀어 주십니다. 그 신실하신 하나님의 약속을 믿고 의지해야 합니다.

아무것도 할 수 없을 만큼 절망적인 상황에 놓인 히스기야에게 하나님은 새 힘을 주시고 구원의 기적을 베풀어 주셨습니다. 우리도 감당할 수 없는 삶의 무게에 짓눌릴 때가 있습니다. 그때야말로 하나님의 주권을 신뢰하며, 약속의 말씀을 붙잡고 기도해야 합니다. 해산할 힘이 없는 그때가 하나님 역사의 시작입니다.

말씀 행하기

묵상 질문

1. 절망의 순간에 하나님께 간절히 기도했던 경험이 있습니까? 언제입니까?
2. 하나님의 주권을 전적으로 신뢰했던 때는 언제입니까?
3. 하나님의 약속이 이루어진 일에는 무엇이 있습니까?

삶에 적용하기

성경에서 하나님의 약속과 관련된 말씀을 찾아서 적고, 매일 읽고 고백해 봅시다.

중보 기도 하나님 나라와 건강한 교회와 행복한 가정을 위해 기도합니다.
(나라와 민족, 담임목사와 교회, 선교사와 선교지, 속회원, 전도 대상 등 서로의 기도 제목을 나누고 함께 기도합니다.)

헌금/찬송 546장 주님 약속하신 말씀 위에 서

마침 기도 주님의 기도 (서로를 축복하며 삶의 자리로 나아갑니다.)

9.25

39과 여호와의 성전을 건축하라

한 주간의 삶 나누기

조용한 기도

찬송 208장 내 주의 나라와

기도 맡은 이

오늘의 말씀 에스라 1장 1~11절

암송할 말씀 이에 유다와 베냐민 족장들과 제사장들과 레위 사람들과 그 마음이 하나님께 감동을 받고 올라가서 예루살렘에 여호와의 성전을 건축하고자 하는 자가 다 일어나니 (5)

말씀 나누기

하나님은 예레미야를 통해 주신 말씀을 이루시기 위해 바벨론에 노예로 있던 이스라엘 백성을 다시 고향으로 돌아오게 하셨습니다. 돌아온 그들이 무엇보다 시급히 해야 할 일은 예루살렘 성전을 다시 세우는 것이었습니다. 하나님은 성전 재건을 위해 필요한 모든 것을 채워 주셨습니다.

성전 건축을 위해 필요한 것은 무엇입니까?

첫째, 하나님께 감동을 받아야 합니다(1~4절).

바벨론을 정복한 바사 왕 고레스가 왕국 전역에 칙령을 공포하고 공문을 보냈습니다. 하나님이 자신에게 예루살렘 성전을 세울 임무를 주셨다는 내용이었습니다. 그러니 하나님을 믿는 백성은 예루살렘으로 돌아가 하나님의 성전을 건축하라고 했습니다. 또한 노예로 잡혀 온 이스라엘 백성이 어디에 살든 그 지역 사람들은 예루살렘 성전 건축을 위해 금은 패물과 가축으로 도우라고 명령했습니다.

성경은 바사 왕 고레스가 이런 명령을 내린 이유가 하나님께서 그의 마음을 감동시키셨기 때문이라고 증언합니다. 하나님은 당신의 계획을 성취하기 위해 택하신 사람의 마음을 감동시키십니다. 하나님이 감동을 주실 때 순종으로 응답하는 사람이 쓰임을 받습니다.

둘째, 기쁨으로 드려야 합니다(5~6절).

하나님이 주시는 감동으로 사람들이 일어났습니다. 유다와 베냐민 가문의 우두머리들과 제사장과 레위 사람들, 그리고 성전을 건축하려는 모든 사람이, 바벨론에서의 안정적인 삶의 터전을 포기하고 예루살렘으로 올라갔습니다. 주변 사람들이 그들에게 금과 은, 패물과 가축들을 주면서 힘껏 도왔습니다.

성경은 그들이 예루살렘 성전 건축을 위해 기꺼이 내주었다고 말합니다. 하나님의 일을 위해 자기 것을 기쁜 마음으로 드리는 이들의 헌신을 통해 하나님은 당신의 성전을 세우십니다. 교회는 강요에 의해 어쩔 수 없이 드리는 것으로 세워지지 않습니다. 우리도 하나님의 성전을 세우기 위해 기쁜 마음으로 드려야 합니다.

셋째, 도움의 손길이 있어야 합니다(7~11절).

예루살렘 성전 건축을 위해 이스라엘 백성만 기쁨으로 드린 것이 아닙니다. 고레스 왕도 느부갓네살이 성전에서 약탈해 온 기물들을 꺼내서 기꺼이 내주었습니다. 그는 창고지기 미드르닷에게 명하여 느부갓네살이 가져온 성전 기물들을 낱낱이 세어서 가져오게 했습니다. 창고지기는 그것을 빠짐없이 유다 총독 세스바살에게 넘겨주었습니다. 이처럼 고레스 왕은 예루살렘 성전 건축을 위해 아낌없이 도와주었습니다.

성전이 건축되는 과정에는 신기한 도움의 손길이 많았습니다. 하나님은 믿음으로 살아가는 성도들뿐만 아니라 믿음 없는 사람들을 통해서도 성전을 세우십니다. 하나님의 일은 내 능력으로 하는 것이 아닙니다. 그러니 나 자신의 한계에 스스로 갇히지 말고, 하나님의 도우심을 기대하는 믿음으로 다시 한 걸음 내디뎌야 합니다.

하나님이 주시는 감동이 내면에 충만할 때, 우리는 성전을 세우는 일에 무엇이든 기쁨으로 드릴 수 있습니다. 하나님은 기쁨으로 드리는 성도들에게 예상치 못한 도움의 손길을 붙여 주셔서 당신의 계획을 성취하십니다. 우리도 하나님께 감동을 받아 기쁘게 드려서 하나님의 계획에 쓰임받는 성도가 되어야 합니다.

말씀 행하기

묵상 질문

1. 하나님이 내게 어떤 감동을 주셨습니까?
2. 하나님의 일을 위해 무엇을 기쁘게 드려 보았습니까?
3. 하나님이 보내 주신 뜻밖의 도움의 손길은 어떤 것이었습니까?

삶에 적용하기

하나님이 내게 성전 건축에 대한 감동을 주시면 어떤 것들을 기쁘게 드릴지 생각해 보고 실천합시다.

중보 기도 하나님 나라와 건강한 교회와 행복한 가정을 위해 기도합니다.
(나라와 민족, 담임목사와 교회, 선교사와 선교지, 속회원, 전도 대상 등 서로의 기도 제목을 나누고 함께 기도합니다.)

헌금/찬송 218장 네 맘과 정성을 다하여서

마침 기도 주님의 기도 (서로를 축복하며 삶의 자리로 나아갑니다.)

10.2

40과 민족을 위하여 간절히 구하라

한 주간의 삶 나누기	
조용한 기도	
찬송	191장 내가 매일 기쁘게
기도	맡은 이
오늘의 말씀	에스더 4장 1~17절
암송할 말씀	이 때에 네가 만일 잠잠하여 말이 없으면 유다인은 다른 데로 말미암아 놓임과 구원을 얻으려니와 너와 네 아버지 집은 멸망하리라 네가 왕후의 자리를 얻은 것이 이 때를 위함이 아닌지 누가 알겠느냐 하니 (14)

말씀 나누기

유다 민족에게 큰 위기가 닥쳤습니다. 유다인들을 적대시하는 하만이 그들을 멸망시킬 계획을 아하수에로 왕에게 제안했는데, 왕이 이를 승인한 것입니다. 상황의 심각성을 인식한 모르드개는 하나님이 주신 사명을 충실히 감당함으로 민족이 사는 길을 활짝 열었습니다.

모르드개는 민족의 위기 상황에서 어떻게 했습니까?

첫째, 굵은 베옷을 입었습니다(1~3절).

아하수에로 왕이 아각 사람 하만을 높은 지위에 올렸습니다. 왕의 명령으로 왕의 모든 신하가 하만에게 꿇어 절했지만, 모르드개만은 자신이 유다 사람임을 알리며 절하지 않았습니다. 하만은 몹시 화가 나서 모르드개의 민족을 다 멸할 계획을 세우고 날짜를 정했습니다. 이 모든 일을 알게 된 모르드개는 옷을 찢고 굵은 베옷을 걸치고 재를 뒤집어쓴 채로 성안을 돌아다니며 대성통곡했습니다.

그는 당시 상황이 얼마나 절박한지, 유다 민족이 얼마나 위태로운 지경에 처했는지를 온몸으로 전했습니다. 그의 모습을 보고 유다인들은 민족의 상황을 깨닫게 되었습니다. 우리도 위기의 순간에 침묵하거나 외면하지 말고, 적극적으로 알리고 행동해야 합니다.

둘째, 에스더의 사명을 깨닫게 했습니다(4~14절).

모르드개는 하닥이라는 신하를 통해 하만의 음모와 유다인들이 처한 위험을 에스더에게 상세히 알렸습니다. 그리고 왕에게 나아가 이 문제를 해결해 달라고 요청했습니다. 그러나 당시 바사 법에 따르면, 왕후라 할지라도 왕의 부름 없이 그 앞에 나아가는 것은 목숨을 거는 일이었습니다. 망설이는 에스더를 향해 모르드개는 "네가 왕후의 자리를 얻은 것이 이 때를 위함이 아닌지 누가 알겠느냐(14)."라며 결단을 촉구했습니다. 에스더가 그 자리에 세워진 것이 하나님의 뜻 안에서 민족을 구하기 위함임을 깨닫게 하는 말이었습니다.

우리에게 주어진 상황과 자리는 결코 우연이 아닙니다. 하나님은 우리를 통해 일하기를 원하십니다. 그 사명을 깨닫게 하는 것도 우리가 힘쓸 일입니다.

셋째, 목숨을 걸고 기도했습니다(15~17절).

에스더는 민족의 생사가 걸린 절박한 상황에서 결국 모르드개의 말을 듣고 결단했습니다. 자기 생명을 하나님께 온전히 맡기며 '죽으면 죽으리이다'라는 각오로 왕 앞에 나아가기로 했습니다. 에스더는 사명을 감당하기에 앞서 자신의 시녀와 함께 금식 기도를 한 다음 왕께 나아가겠다고 했습니다. 그러면서 모르드개에게는 수산에 있는 유다 사람들을 모아서 3일 동안 자신을 위해 함께 금식하며 기도해 줄 것을 요청했습니다. 모르드개와 유다인들은 에스더의 요청대로 금식하며 하나님께 간구했습니다. 이는 하나님만을 전적으로 의지하는 믿음의 표현이었습니다.

기도는 어려움을 이기는 가장 강력한 무기입니다. 성도는 민족의 위기 앞에서 기도로 하나님의 도우심과 인도하심을 구해야 합니다.

모르드개는 위기 상황에서 믿음으로 행동하며 하나님의 도우심을 구했습니다. 유다 민족이 직면한 위태로움과 절박함을 온몸으로 알렸습니다. 또한 에스더에게 사명을 일깨워 주고, 민족과 함께 금식하며 기도했습니다. 우리도 모르드개처럼 각자가 처한 상황과 자리에서 하나님의 뜻을 이루어가는 사명자로 살아야 합니다.

말씀 행하기

묵상 질문

1. 위기 상황에서 어떤 행동들을 했습니까?
2. 하나님께서 나를 지금의 자리에 두신 이유가 무엇이라고 생각합니까?
3. 나라를 위해 무엇을 기도하고 있습니까?

삶에 적용하기

민족이 위기에 처했을 때 각자의 자리에서 해야 할 일이 무엇인지 나누고 실천해 봅시다.

중보 기도 하나님 나라와 건강한 교회와 행복한 가정을 위해 기도합니다.
(나라와 민족, 담임목사와 교회, 선교사와 선교지, 속회원, 전도 대상 등 서로의 기도 제목을 나누고 함께 기도합니다.)

헌금/찬송 336장 환난과 핍박 중에도

마침 기도 주님의 기도 (서로를 축복하며 삶의 자리로 나아갑니다.)

10.9

41과 회개하나이다

한 주간의 삶 나누기	
조용한 기도	
찬송	400장 험한 시험 물 속에서
기도	맡은 이
오늘의 말씀	욥기 42장 1~6절
암송할 말씀	내가 주께 대하여 귀로 듣기만 하였사오나 이제는 눈으로 주를 뵈옵나이다 (5)

말씀 나누기

욥은 큰 시련과 고통을 겪은 인물입니다. 태풍으로 집이 무너져 열 남매를 잃었습니다. 아내는 중병에 걸린 욥에게 차라리 하나님을 욕하고 죽으라고 몰아붙였습니다(욥 2:9). 그의 친구들은 가시 돋친 말로 욥의 상처를 건드렸습니다. 그러나 욥은 고난 중에도 끝까지 함께하시는 하나님을 바라보며 믿음을 지켰습니다.

욥이 고난을 통해 얻은 교훈은 무엇입니까?

첫째, 주님의 전능하심을 확인했습니다(1~2절).

욥은 극심한 고난의 끝에서 "주께서는 못 하실 일이 없사오며 무슨 계획이든지 못 이루실 것이 없는 줄 아오니(2)."라고 고백했습니다. 이는 하나님께서 모든 것을 주관하시고, 그 뜻을 반드시 이루시는 분임을 인정하는 신앙고백입니다. 그는 고난의 한가운데서도 함께하시는 하나님을 경험하고 회개함으로 위로와 소망을 얻었습니다.

과거의 욥은 자신이 의로웠음에도 재앙을 허락하신 하나님께 의문을 품고, 때로는 하나님이 공의롭지 않다고 여겼습니다(욥 33:9~11). 욥의 고난은 '하나님을 잘 믿으면 복을 받는다'라는 단순한 율법적 신앙을 넘어섭니다. 우리가 고통의 이유를 전부 이해할 수는 없지만, 하나님이 누구신지 깊이 알면 고난이 두렵지 않게 됩니다. 고통의 순간에 주님을 바라보면 위로하시는 전능하신 하나님을 새롭게 만나게 됩니다.

둘째, 주님께 물을 수 있게 되었습니다(3~4절).

욥은 자신이 무지한 말로 이치를 가리고, 깨닫지도 못한 일을 말하였다고 회개하며 자신의 한계를 인정했습니다. 그리고 "내가 주께 묻겠사오니 주여 내게 알게 하옵소서(4)."라며 하나님께 질문했습니다. 과거에는 자기 생각과 논리로 하나님과 논쟁하려 했지만, 이제는 하나님 앞에 겸손히 엎드려 그분의 뜻을 구합니다. 고난을 통해 하나님을 새롭게 만나고, 회복의 은혜를 경험한 것입니다.

고난 속에서도 하나님께 겸손하게 물을 수 있어야 합니다. 진정한 회개는 하나님의 응답과 회복을 경험하게 합니다. 하나님의 계획은 인간의 이해를 초월하지만, 끝내 가장 선한 길로 우리를 인도합니다. 묻고 구할 때 들어주심을 믿고, 겸손히 무릎 꿇고 묻는 사람이 해답을 받습니다.

셋째, 귀로만 듣던 주님을 눈으로 보게 되었습니다(5~6절).

주님께 질문했던 욥은 "내가 주께 대하여 귀로 듣기만 하였사오나 이제는 눈으로 주를 뵈옵나이다(5)."라고 고백했습니다. 귀로 들어 지식으로만 알던 믿음에서, 하나님을 인격적으로 만나는 믿음으로 변화되었습니다. 고난의 시험을 통해 새롭게 하나님을 만났습니다(욥 23:10).

하나님을 새롭게 만난 욥은 티끌과 재 가운데에서 죄를 회개했습니다. 당대의 의인이었지만(욥 1:1), 자신의 부족한 믿음을 눈물로 아뢰었습니다.

이제 욥의 신앙의 차원이 달라졌습니다. 우리도 이론적이거나 추상적인 신앙에서 벗어나, 지금 여기서 역사하시는 전능하신 하나님을 인격적으로 만나야 합니다.

회개는 살아 계신 하나님을 만나는 은혜의 문입니다. 욥은 자신에게 상처를 준 세 친구를 위해 속죄의 제사를 드렸고, 주님은 회개하는 욥을 이전보다 더 큰 복으로 회복시키셨습니다. 고난으로 시작했던 욥의 인생이 완전히 회복되었습니다. 고난 중에 동행해 주시는 하나님을 만나면 회복과 승리의 삶을 살 수 있습니다.

말씀 행하기

묵상 질문

1. 하나님의 능력을 체험한 순간은 언제입니까?
2. 중요한 결정을 앞두고 하나님께 구한 기도는 무엇입니까?
3. 주님을 인격적으로 만난 것은 언제입니까?

삶에 적용하기

최근에 자신의 어리석음을 깨닫고 회개한 일을 나누어 봅시다.

중보 기도 하나님 나라와 건강한 교회와 행복한 가정을 위해 기도합니다.
(나라와 민족, 담임목사와 교회, 선교사와 선교지, 속회원, 전도 대상 등 서로의 기도 제목을 나누고 함께 기도합니다.)

헌금/찬송 258장 샘물과 같은 보혈은

마침 기도 주님의 기도 (서로를 축복하며 삶의 자리로 나아갑니다.)

10.16

42과 평화를 이루는 믿음

한 주간의 삶 나누기	
조용한 기도	
찬송	410장 내 맘에 한 노래 있어
기도	맡은 이
오늘의 말씀	이사야 2장 1~4절
암송할 말씀	많은 백성이 가며 이르기를 오라 우리가 여호와의 산에 오르며 야곱의 하나님의 전에 이르자 그가 그의 길을 우리에게 가르치실 것이라 우리가 그 길로 행하리라 하리니 이는 율법이 시온에서부터 나올 것이요 여호와의 말씀이 예루살렘에서부터 나올 것임이니라 (3)

말씀 나누기

이사야 선지자는 장차 모든 민족이 여호와의 산에 모여 하나님의 말씀을 듣고 그 길을 따르게 될 것을 예언했습니다. 그때는 전쟁이 멈추고, 칼과 창이 농기구로 바뀌며, 더는 싸움을 준비하지 않게 된다고 했습니다. 이는 전쟁이 없음을 넘어 하나님 말씀 안에서 누리는 내적 평안과 조화, 곧 참된 평화를 의미합니다.

평화를 이루는 방법은 무엇입니까?

첫째, 하나님의 산에 모여야 합니다(1~2절).

하나님은 말일에 여호와의 전이 있는 산을 모든 산 위에 높이 세우실 것이며, 모든 민족이 그 산으로 나아올 것이라고 말씀하셨습니다. '여호와의 전의 산'은 어떤 공간일 뿐만 아니라, 하나님의 임재와 말씀이 있는 예배의 자리를 의미합니다.

참된 평화를 얻으려면 먼저 하나님 앞에 나아가 예배하며 그분의 임재를 경험해야 합니다. 또한 만방, 곧 하나님의 백성이 함께 모여 예배할 때 서로 다른 사람들이지만 하나님 안에서 하나 됨을 경험하며 진정한 평화를 이루게 됩니다. 우리는 하나님의 전에 모여 예배하고, 하나님과의 깊은 교제를 통해 그분이 주시는 평화 안에서 다른 이들과 하나 됨으로 참된 평화를 누려야 합니다.

둘째, 하나님의 길을 배워야 합니다(3절).

하나님은 마지막 때에 많은 민족이 여호와의 산에 올라 하나님의 길을 배우고 그의 법을 따를 것이라고 말씀하셨습니다. 하나님의 산으로 모이는 목적은 그분의 길을 배우기 위해서입니다. 하나님의 말씀을 배우고 그 뜻을 분명히 아는 것이 평화를 이루는 열쇠입니다. 말씀은 우리 삶을 인도하고 혼란한 세상에서 길을 밝혀 줍니다. 말씀을 배우지 않으면 방향을 잃고 혼돈에 빠지고 맙니다.

평화를 이루려면 하나님 말씀을 정확히 이해하고 그 가르침대로 살아야 합니다. 말씀대로 살아갈 때 우리 내면은 하나님의 평안으로 채워지며, 주변 사람들과도 화목한 관계를 이룰 수 있습니다. 그러므로 날마다 성경을 가까이하고 매일 묵상함으로 하나님의 길을 배우고 가르쳐서 평화를 이루는 일에 힘써야 합니다.

셋째, 다툼과 분쟁을 멈춰야 합니다(4절).

이사야 선지자는 하나님께서 친히 모든 민족 사이의 분쟁을 공의롭게 판단하실 것이요, 그 결과로 전쟁이 멈추고 참된 평화가 이루어질 것이라고 예언했습니다. 이 평화는 갈등을 넘어 사람들의 삶이 근본적으로 변화되는 것입니다. 전쟁을 위한 무기조차 평화를 위한 농기구로 바꾸는 적극적이고 실천적인 평화입니다.

믿음의 사람은 더 이상 분쟁과 다툼을 위해 칼과 창을 들지 말고, 오히려 화목과 생명을 위한 보습과 낫을 들어야 합니다. 하나님 나라 백성은 폭력과 갈등의 도구들을 내려놓고, 용서와 화해를 통해 진정한 평화를 이루어 가야 합니다. 갈등 상황에서 먼저 용서하고 화해를 청하는 삶을 실천하여, 하나님께서 원하시는 평화의 공동체를 이루는 일에 앞장서야 합니다.

참된 평화를 위해서는 하나님께 나아가고, 말씀을 배우며, 다툼과 분쟁을 멈추고 화해의 삶을 살아야 합니다. 우리 믿음이 말로만 그치지 않고 실천으로 나타날 때, 가정과 교회, 사회가 하나님의 평화로 가득한 아름다운 공동체가 됩니다.

말씀 행하기

묵상 질문

1. 하나님께로 나아가 어떤 평화를 경험했습니까?
2. 하나님 말씀에서 배우고 실천한 평화의 가르침은 무엇입니까?
3. 내 삶에서 내려놓아야 할 칼과 창(갈등과 다툼)은 무엇입니까?

삶에 적용하기

지금 다툼이나 갈등 상황에 있나면, 하나님 말씀대로 먼저 용서하고 화해를 청해 봅시다.

중보 기도 하나님 나라와 건강한 교회와 행복한 가정을 위해 기도합니다. (나라와 민족, 담임목사와 교회, 선교사와 선교지, 속회원, 전도 대상 등 서로의 기도 제목을 나누고 함께 기도합니다.)

헌금/친송 465장 주 믿는 나 남 위해

마침 기도 주님의 기도 (서로를 축복하며 삶의 자리로 나아갑니다.)

10.23

43과 기다리는 자가 받는 복

한 주간의 삶 나누기	
조용한 기도	
찬송	357장 주 믿는 사람 일어나
기도	맡은 이
오늘의 말씀	이사야 30장 18~26절
암송할 말씀	그러나 여호와께서 기다리시나니 이는 너희에게 은혜를 베풀려 하심이요 일어나시리니 이는 너희를 긍휼히 여기려 하심이라 대저 여호와는 정의의 하나님이심이라 그를 기다리는 자마다 복이 있도다 (18)

말씀 나누기

앗수르가 위협하자 하나님을 의지하지 않고 애굽의 그늘로 피하려 한 유다 백성을 하나님은 '패역한 자식들'이라고 책망하셨습니다(사 30:1). 이사야 선지자는 하나님께서 은혜를 베풀려고 기다리시며, 긍휼히 여기려고 일어나실 것이라고 예언하면서, 이런 하나님을 기다리는 자마다 복이 있다고 선포했습니다.

기다리는 자가 받는 복은 어떤 복입니까?

첫째, 기도의 응답을 받는 복입니다(18~19절).

이사야는 시온에 거주하며 예루살렘에 거주하는 백성이 부르짖을 때 하나님이 은혜를 베푸실 것이라고 했습니다. 이는 하나님이 기도를 들으시고 응답하시는 은혜입니다. 응답의 결과 유다 백성은 다시 통곡하지 않을 것입니다.

하나님은 기다리는 자에게 복 주시는 분입니다. 하나님을 기다린다는 것은 하나님의 도우심을 믿고 기도하는 것입니다. 기도하면서 기다릴 때, 하나님은 약속하신 말씀대로 응답하고 도와주심으로 모든 환난에서 건져 주십니다. 믿음의 사람은 무슨 일을 만나든 먼저 기도하면서 하나님의 때를 기다릴 줄 알아야 합니다. 하나님은 믿음의 기도에 반드시 응답하십니다.

둘째, 좋은 스승의 인도를 받는 복입니다(20~22절).

하나님은 유다 백성이 환난을 당할 때 가르쳐 줄 스승을 보내 주겠다고 약속하셨습니다. 그 스승은 길을 찾지 못할 때 올바른 길을 가르쳐 주며, 우상 숭배의 악한 길에서 벗어나도록 인도할 것입니다. 하나님이 스승을 보내 당신의 백성을 바른 길로 인도하시는 것은 큰 은혜이며 복입니다. 좋은 스승의 가르침과 인도를 받는 백성은 하나님의 진노에서 벗어나 복을 받는 길로 나아갈 수 있기 때문입니다.

하나님이 보내 주신 좋은 스승은 우리를 바른 길로 인도해 하나님의 복을 받게 합니다. 좋은 스승, 좋은 지도자를 만나 동행하는 것은 더없는 복입니다. 그러므로 하나님께 좋은 스승을 보내 주시길 기도하며 기다려야 합니다.

셋째, 광명의 날을 맞이하는 복입니다(23~26절).

하나님은 믿음으로 하나님을 바라고 기다리는 자에게 비를 주셔서, 땅을 기름지게 하고 모든 소산을 풍성하게 하실 것이라고 말씀하셨습니다. 또한 원수들을 쳐서 무너뜨리실 때 모든 백성과 가축이 풍족히 먹을 수 있게 하고, 당신의 백성을 싸매고 치유하실 것이라고 약속하셨습니다. 이 약속이 성취되는 날에는 달빛이 햇빛같이 빛나고, 햇빛이 일곱 배가 될 것입니다. 햇빛이 일곱 배가 되는 광명의 날은 모든 흑암의 세력이 쫓겨나 완전한 승리와 평화가 빛나는 날입니다.

흑암 중에 고통받던 이들이 광명의 날을 맞이하는 것은 복 중의 복입니다. 하나님의 약속의 말씀을 붙잡고 그분의 승리를 인내하며 기다리는 자가 광명의 날을 맞을 수 있습니다.

하나님은 환난 때에 애굽을 의지한 백성을 패역한 자들로 책망하시면서, 믿음으로 하나님을 바라며 기다리는 자들에게는 복이 있다고 말씀하셨습니다. 하나님을 믿고 기다리는 사람은 기도의 응답을 받고, 좋은 스승의 인도를 받으며, 광명의 날을 맞이하는 복을 받습니다. 우리도 이 복을 받도록 믿음으로 하나님을 기다려야 합니다.

말씀 행하기

묵상 질문

1. 오랫동안 기도하여 응답받은 일에는 무엇이 있습니까?
2. 우리의 좋은 스승이신 주님은 어떤 분입니까?
3. 신앙생활 중 광명의 날이라고 생각하는 일은 무엇입니까?

삶에 적용하기

주님의 약속이 성취될 날을 믿음으로 기다리기 위해 우리 속회가 더욱 힘써야 할 일이 무엇인지 함께 나누고 실천해 봅시다.

중보 기도 하나님 나라와 건강한 교회와 행복한 가정을 위해 기도합니다.
(나라와 민족, 담임목사와 교회, 선교사와 선교지, 속회원, 전도 대상 등 서로의 기도 제목을 나누고 함께 기도합니다.)

헌금/찬송 366장 어두운 내 눈 밝히사

마침 기도 주님의 기도 (서로를 축복하며 삶의 자리로 나아갑니다.)

10.30

44과 하나님이 기뻐하시는 성전

한 주간의 삶 나누기	
조용한 기도	
찬송	208장 내 주의 나라와
기도	맡은 이
오늘의 말씀	예레미야 7장 1~7절
암송할 말씀	너는 여호와의 집 문에 서서 이 말을 선포하여 이르기를 여호와께 예배하러 이 문으로 들어가는 유다 사람들아 여호와의 말씀을 들으라 (2)

말씀 나누기

예레미야 선지자가 활동하던 당시 남유다 백성은 성전에 가서 예배만 드리면 말씀대로 살지 않아도 하나님께서 복을 주신다고 생각했습니다. 삶으로는 온갖 악을 행하면서도 하나님이 계시는 성전에 가기만 하면 모든 죄를 용서받는다고 믿었습니다. 그들은 잘못된 성전 신앙을 가지고 있었습니다.

하나님이 기뻐하시는 성전을 만들려면 어떻게 해야 합니까?

첫째, 하나님 말씀을 들어야 합니다(1~2절).

예레미야는 죄악으로 가득한 이스라엘 백성에게 하나님께서 주신 말씀을 성전 문에 서서 가감 없이 선포했습니다. 그들은 도둑질하고, 살인하고, 간음하고, 거짓 맹세하고, 바알에게 분향하는 우상 숭배를 하면서도, 자신들은 성전에 가기만 하면 구원을 받는다고 자부했습니다. 하나님은 이스라엘의 이런 모습이 성전을 도둑의 소굴로 만들었다고 하셨습니다. 예레미야는 이 말씀을 이스라엘 백성에게 전하며 하나님 말씀을 들어야 산다고 역설했습니다.

변화되려면 먼저 하나님 말씀을 들어야 합니다. 말씀에 나를 비추어 보고, 죄악의 길에서 떠나야 합니다. 하나님 말씀을 내 편의가 아닌 말씀 그대로 삶에 적용하기를 힘써야 합니다.

둘째, 하나님이 기뻐하시지 않는 행동을 바꿔야 합니다(3~4절).

예레미야 선지자는 삶의 변화 없이 복만 구하는 이스라엘 백성에게, 행동을 바르게 하지 않으면 아무리 성전이라 할지라도 거기서 예배하지 못할 것이라고 경고했습니다. 그러나 죄악 된 행동을 바꾸면 성전에서 계속 살며 예배하게 될 것이라고 했습니다. 삶은 죄악으로 가득 차 있으면서 몸만 성전에 와서 복을 구하는 이스라엘 백성에게 이곳이 하나님의 성전이라고 가르치는 것은 거짓말에 불과함을 알려 준 것입니다.

교회에 가서 예배할지라도 삶이 변화되지 않으면, 하나님은 그 삶에 역사하시지 않습니다. 우리가 예배하는 곳이 하나님이 기뻐하시는 성전이 되려면, 하나님이 기뻐하시는 삶과 행동으로 바꾸어야 합니다.

셋째, 이웃에게 공의와 긍휼을 베풀어야 합니다(5~7절).

하나님은 당신이 기뻐하는 예배는 이방인과 고아와 과부를 압제하지 않고, 다른 신에게 예배하지 않는 것이라고 말씀하셨습니다. 죄로 가득한 삶은 회개하지 않으면서 복만 구하는 것은 화를 자초하는 일이라고 하셨습니다. 그러나 회개하여 삶을 돌이키고 이웃에게 공의와 긍휼을 베푸는 삶을 살면, 당신이 성전을 영원히 지키실 것이고 그들의 땅에서 영원히 살게 할 것이라고 약속하셨습니다.

진정한 예배는 삶에서 나타나야 합니다. 하나님은 우리의 거짓된 입이 아니라, 거룩한 삶을 보고 복을 주십니다. 그러므로 이웃에게 불의를 행하지 않을 뿐 아니라, 환난 당한 자를 위로하고 긍휼을 베풀어 복된 길을 걸어야 합니다.

성전은 우리 자신입니다(고전 3:16). 말씀대로 살 때 복이 임하는 성전이 됩니다. 하나님은 말씀을 잃어버린 성도의 삶을 기뻐하지 않으십니다. 말씀대로 이웃에게 선을 행하는 사람이 진정한 예배자입니다. 하나님이 기뻐하시는 성전이 되려면 죄악 된 행동부터 회개하고 이웃에게 긍휼을 베푸는 삶을 살아야 합니다.

말씀 행하기

묵상 질문

1. 내게 주신 말씀 중에 특별히 기억하는 것은 무엇입니까?
2. 하나님이 기뻐하실 나의 거룩한 습관은 무엇입니까?
3. 내가 돌아보아야 할 이웃은 누구입니까?

삶에 적용하기

우리 교회가 이웃을 위해 감당해야 할 선한 일이 무엇인지 나누고, 지역 사회의 선한 이웃이 되도록 기도합시다.

중보 기도 하나님 나라와 건강한 교회와 행복한 가정을 위해 기도합니다.
(나라와 민족, 담임목사와 교회, 선교사와 선교지, 속회원, 전도 대상 등 서로의 기도 제목을 나누고 함께 기도합니다.)

헌금/찬송 600장 교회의 참된 터는

마침 기도 주님의 기도 (서로를 축복하며 삶의 자리로 나아갑니다.)

11.6

45과 기도하며 세워나가는 믿음

한 주간의 삶 나누기	
조용한 기도	
찬송	543장 어려운 일 당할 때
기도	맡은 이
오늘의 말씀	다니엘 6장 10~23절
암송할 말씀	왕이 심히 기뻐서 명하여 다니엘을 굴에서 올리라 하매 그들이 다니엘을 굴에서 올린즉 그의 몸이 조금도 상하지 아니하였으니 이는 그가 자기의 하나님을 믿음이었더라 (23)

말씀 나누기

다니엘은 왕이 금령을 내렸을 때도 평소처럼 하루 세 번 창문을 열고 예루살렘을 향해 기도했습니다. 생명이 위태로운 상황에서도 기도를 멈추지 않고, 오히려 더 담대하게 하나님께로 나아갔습니다. 다니엘은 하나님만이 이 세상의 주인이심을 드러내는 믿음의 기도를 드렸습니다.

다니엘은 믿음의 기도를 어떻게 드렸습니까?

첫째, 감사 기도를 드렸습니다(10절).

다니엘은 사자 굴에 던져질 위협 속에서도 먼저 하나님께 감사했습니다. 성경은 그가 "예루살렘으로 향한 창문을 열고 전에 하던 대로 하루 세 번씩 무릎을 꿇고 기도하며 그의 하나님께 감사하였더라(10)."고 증언합니다. 그의 감사는 상황에 따라 변하는 감정이 아니라, 하나님이 누구신지에 대한 확신에서 비롯된 신앙 태도였습니다. 다니엘은 포로로 끌려온 신세임에도, 하나님께서 지금까지 지켜 주신 은혜와 인도하심을 기억하며 감사했습니다. 위기의 순간에도 하나님이 여전히 살아 계시고, 모든 것을 주관하신다는 사실을 믿었기에 감사했습니다. 그의 기도는 일상에서 쌓아온 신앙 습관이요, 위기 앞에서도 변하지 않는 믿음의 표현이었습니다.

다니엘처럼 어떤 상황에서도 먼저 감사하는 기도를 드릴 때, 하나님이 주시는 평강을 누릴 수 있습니다.

둘째, 간구하는 기도를 드렸습니다(11~18절).

다니엘은 자신과 민족의 위기를 하나님께 아뢰며 도우심을 구했습니다. 자기 힘이나 지혜로 문제를 해결하려 하지 않고, 오직 하나님께 모든 것을 맡겼습니다. 그의 기도에는 간절한 간구가 담겨 있었습니다. 이는 단순한 기대와 바람이 아니라, 하나님 뜻을 깨닫고 그에 순종하려는 마음에서 비롯된 것입니다. 그는 과거에 왕의 꿈을 해석해야 하는 위급한 순간에도 간절히 기도하여 하나님의 응답을 받았습니다(단 2:28). 이번에도 다니엘은 하나님께서 자신을 지키심으로 하나님의 이름이 높아지길 바라는 마음으로 간구했습니다. 자신을 위해서가 아니라, 오직 하나님의 영광을 위해 기도했습니다.

다니엘처럼 하나님께 모든 것을 맡기고 간구할 때, 하나님의 놀라운 응답을 경험할 수 있습니다.

셋째, 찬양의 기도를 드렸습니다(19~23절).

다니엘은 사자 굴에서 구원받은 후 왕 앞에 당당히 서서 "나의 하나님이 이미 그의 천사를 보내어 사자들의 입을 봉하셨으므로 사자들이 나를 상해하지 못하였사오니(22)."라고 고백했습니다. 하나님께서 자신에게 죄가 없음을 인정하시고 능력으로 구원하셨음을 공개적으로 알리고 찬양한 것입니다.

다니엘은 죽음의 위기 속에서도 하나님께 영광을 돌리고, 자신의 구원이 하나님의 은혜임을 분명히 밝혔습니다. 그의 찬양은 입술의 고백에 그치지 않고, 삶 전체로 나타났습니다. 사자 굴에서 살아난 후에도 계속해서 하나님을 섬김으로 그의 신앙은 주변 사람들에게도 선한 영향력을 끼쳤습니다. 우리도 하나님의 영광이 우리 삶을 통해 나타나도록 다니엘처럼 어떤 상황에서도 하나님을 찬양하는 기도를 드려야 합니다.

다니엘은 감사, 간구, 찬양의 기도로 하나님께 모든 것을 맡기고 그분의 역사하심을 신뢰했습니다. 위기 앞에서도 흔들리지 않는 믿음의 기도는 결국 하나님의 놀라운 구원을 경험하게 했습니다. 우리도 믿음의 기도로 우리 삶을 지키고 인도하시는 구원의 하나님을 경험해야 합니다.

말씀 행하기

묵상 질문

1. 감사의 고백으로 변화된 일은 무엇입니까?
2. 간절한 기도로 어떤 응답을 받았습니까?
3. 찬양으로 마음의 안정을 경험했던 때는 언제입니까?

삶에 적용하기

한 해 동안 감사했던 일을 고백하고, 가장 은혜로운 찬양을 정해 함께 불러 봅시다.

중보 기도 하나님 나라와 건강한 교회와 행복한 가정을 위해 기도합니다.
(나라와 민족, 담임목사와 교회, 선교사와 선교지, 속회원, 전도 대상 등 서로의 기도 제목을 나누고 함께 기도합니다.)

헌금/찬송 135장 어저께나 오늘이나

마침 기도 주님의 기도 (서로를 축복하며 삶의 자리로 나아갑니다.)

11.13

46과 하나님을 우러러보는 믿음

한 주간의 삶 나누기

조용한 기도

찬송	93장 예수는 나의 힘이요
기도	맡은 이
오늘의 말씀	스가랴 9장 1~10절
암송할 말씀	시온의 딸아 크게 기뻐할지어다 예루살렘의 딸아 즐거이 부를지어다 보라 네 왕이 네게 임하시나니 그는 공의로우시며 구원을 베푸시며 겸손하여서 나귀를 타시나니 나귀의 작은 것 곧 나귀 새끼니라 (9)

말씀 나누기

하나님은 혼란과 억압 아래 탄식하고 있는 이스라엘 백성에게 위로의 말씀을 주셨습니다. 그들을 괴롭히는 강대국들의 권세를 심판할 것과 하나님을 우러러보는 자들에게 회복의 소망을 약속하셨습니다. 스가랴는 메시아의 오심을 통해 이루어질 참된 구원과 평화로운 통치를 선포했습니다.

하나님을 우러러볼 때 무엇을 보게 됩니까?

첫째, 하나님의 심판을 봅니다(1~7절).

하나님은 스가랴에게 이스라엘 주변 강대국인 하드락, 다메섹, 하맛, 두로, 시돈, 블레셋에 대한 심판을 예언하게 하셨습니다. 하맛과 두로와 시돈은 지혜로움을 자랑했으며, 두로는 요새를 건축하고 은을 티끌처럼 금을 거리의 진흙처럼 쌓았습니다. 그러나 예언은 그들의 지혜도 그들이 의지하는 견고한 성벽과 부유함도 하나님의 심판을 피할 수 없을 것이라고 했습니다. 블레셋의 주요 도시인 아스글론, 가사, 에그론, 아스돗도 심판받고, 그들의 교만이 끊어질 것이라고 했습니다.

이 예언은 인간의 지혜나 강한 힘, 그리고 세상의 부유함이 하나님의 공의로운 심판 앞에서는 무력하다는 사실을 보여 줍니다. 우리는 세상의 힘과 권세의 덧없음을 깨닫고, 오직 하나님의 영원하고 공의로운 심판만을 바라봐야 합니다.

둘째, 하나님의 완전한 보호를 봅니다(8절).

하나님은 심판을 말씀하신 후 당신의 백성은 보호하겠다고 하셨습니다. 집을 둘러 진을 쳐서 적군을 막아 거기 왕래하지 못하게 할 것이며, 친히 지켜보심으로 포악한 자가 다시는 당신의 백성을 침범하지 못하게 하겠다고 말씀하셨습니다. 이는 하나님이 보호해 주시겠다는 강력한 약속이었습니다.

이스라엘 주변에 아무리 많은 대적이 있을지라도, 하나님께서 이스라엘을 둘러 진을 치시고 친히 지켜보고 계시면 그 누구도 침범할 수 없습니다. 하나님은 세상의 어떤 위협 앞에서도 당신의 백성을 보호해 주십니다. 우리도 하나님을 우러러봄으로 하나님의 완전한 보호하심을 볼 수 있어야 합니다.

셋째, 메시아의 평화로운 통치를 봅니다(9~10절).

스가랴는 "시온의 딸아 크게 기뻐할지어다 예루살렘의 딸아 즐거이 부를지어다(9)."라고 선포했습니다. 왕이 오실 것이기 때문입니다. 그는 공의로우시며 구원을 베푸시며 겸손하여 나귀의 새끼를 타고 오실 것입니다. 그리고 오셔서 에브라임의 병거를 없애고, 예루살렘에서 군마를 없애며, 전쟁할 때 쓰는 활도 꺾어버릴 것이고, 이방 민족들에게 평화를 선포할 것입니다. 스가랴는 그의 통치가 이 바다에서 저 바다까지 이르고, 유브라데 강에서 땅끝까지 이를 것이라고 했습니다.

왕이 오셔서 온 민족을 구원하고 평화를 주신다는 것은 메시아의 오심에 관한 예언입니다. 하나님을 우러러볼 때 메시아의 평화로운 통치를 보게 됩니다. 우리는 세상이 줄 수 없는 평화가 하나님께 있음을 알고, 그분의 통치 아래 거해야 합니다. 그때 비로소 참된 평화를 누리게 됩니다.

하나님을 우러러볼 때 그분의 공의로운 심판, 완전한 보호, 그리고 평화로운 통치를 볼 수 있습니다. 이 믿음이 우리를 흔들림 없이 서게 하며, 세상의 두려움 속에서도 담대히 살게 합니다. 우리는 세상의 힘이 아닌 하나님의 능력을 의지하며, 하나님의 평화로운 통치 안에서 살아가야 합니다.

말씀 행하기

묵상 질문

1. 내가 포기해야 할 자랑거리는 무엇입니까?
2. 하나님의 보호하심을 경험한 일에는 무엇이 있습니까?
3. 하나님의 평화를 누렸던 때는 언제입니까?

삶에 적용하기

하나님의 보호하심에 관한 말씀을 성경에서 찾아서 적고, 이와 관련된 찬송을 매일 불러 봅시다.

중보 기도 하나님 나라와 건강한 교회와 행복한 가정을 위해 기도합니다.
(나라와 민족, 담임목사와 교회, 선교사와 선교지, 속회원, 전도 대상 등 서로의 기도 제목을 나누고 함께 기도합니다.)

헌금/찬송 411장 아 내 맘속에

마침 기도 주님의 기도 (서로를 축복하며 삶의 자리로 나아갑니다.)

11.20
추수감사주일

47과 하나님의 은혜에 감사하는 믿음

한 주간의 삶 나누기

조용한 기도

찬송 66장 다 감사드리세

기도 맡은 이

오늘의 말씀 시편 67편 1~7절

암송할 말씀 하나님이여 민족들이 주를 찬송하게 하시며 모든 민족들이 주를 찬송하게 하소서 (3)

말씀 나누기

추수감사주일을 지키는 이유는 우리가 누리는 모든 것이 하나님의 은혜임을 기억하고 하나님께 감사해야 하기 때문입니다. 하나님은 어렵고 힘든 상황에서도 감사를 잃지 않고 하나님의 은혜에 감사하는 백성에게, 슬픔이 변하여 기쁨이 되게 하고 고통이 변하여 은혜가 되게 하십니다.

하나님의 은혜에 어떻게 감사해야 합니까?

첫째, 모든 사람에게 하나님의 은혜를 알려야 합니다(1~2절).

시인은 하나님의 은혜를 알리기 위해 먼저 하나님이 당신의 백성에게 복 주시는 분이라고 선포했습니다. 하나님은 복을 구하는 백성에게 풍성한 은혜를 약속하셨습니다. 하나님의 백성이 당신의 뜻을 따라 살아 그 은혜와 복을 넉넉히 누리기를 원하셨습니다.

하나님은 거룩한 백성인 우리에게도 은혜의 통로가 되어 모든 사람에게 하나님의 은혜를 알리길 원하십니다. 그러려면 우리 먼저 하나님이 은혜가 풍성하신 분임을 분명히 알고, 그 은혜를 받아 누려야 합니다. 하나님의 은혜를 풍성히 누리는 사람이 그것을 나눌 수도 있습니다. 내 안에 은혜가 차고 넘쳐서 아직 하나님을 알지 못하는 사람들에게까지 흘러가게 해야 합니다.

둘째, 모든 사람이 하나님을 찬송하게 해야 합니다(3~5절).

시인은 "온 백성은 기쁘고 즐겁게 노래할지니 주는 민족들을 공평히 심판하시며 땅 위의 나라들을 다스리실 것임이니이다(4)."라고 노래했습니다. 이는 하나님께서 열방을 공평하게 다스리고 인도하심을 깨달아 모든 사람이 기뻐서 그분을 찬송하게 되는 것을 의미합니다.

하나님의 은혜로 구원받은 성도들은 가장 먼저 하나님을 찬송해야 합니다. 성도들이 찬송할 때 하나님은 권능의 손길로 역사하십니다. 바울과 실라가 빌립보 감옥에서 찬송할 때, 지진이 나고 옥문이 열리고 매인 것이 풀렸습니다(행 16:25~26). 찬송은 하나님의 놀라운 능력을 경험하는 비결입니다. 찬송을 통해 세상 사람들에게 하나님의 역사하심을 보이고, 그들도 함께 찬송하게 해야 합니다.

셋째, 모든 나라가 하나님을 경외하게 해야 합니다(6~7절).

시인은 땅에서 수확한 오곡백과가 하나님께서 주신 복이라고 노래했습니다. 하나님은 감사하고 찬양하는 백성에게 이 땅의 소산을 비롯한 복을 풍성히 주시는 분임을 깨달았기 때문입니다. 또한 시인은 하나님의 백성이 복을 누리며 살아가는 모습을 보고 세상 모든 사람이 하나님을 경외하게 될 것이라고 노래했습니다.

하나님은 성도들에게 복을 주실 때, 그 복이 성도들에게만 머물러 있기를 원하지 않으십니다. 성도들의 복된 삶을 통해 세상 사람들이 하나님이 어떤 분인지 알고, 그들도 하나님을 경외하며, 하나님의 복을 누리는 백성이 되기를 원하십니다. 날마다 하나님의 복을 누리고 나누는 우리 삶이 세상 모든 사람에게 복 주시는 하나님을 전하는 길입니다.

우리는 하나님이 주신 풍성한 은혜로 오늘을 살아갑니다. 그 은혜를 기억하고 누리는 삶으로 모든 사람에게 알릴 때, 하나님을 모르던 이들도 풍성한 은혜의 하나님을 알게 될 것입니다. 하나님의 은혜에 대한 우리의 감사 찬송은 하나님을 세상에 알리는 간증입니다.

말씀 행하기

묵상 질문

1. 하나님의 은혜를 알릴 방법에는 어떤 것들이 있습니까?
2. 하나님의 은혜를 경험한 찬송은 무엇입니까?
3. 내 삶에 역사하시는 하나님을 보고 사람들이 인정했던 일에는 무엇이 있습니까?

삶에 적용하기

지난 일 년 동안 베풀어 주신 하나님의 은혜를 기억하고 감사를 표현할 구체적인 방법을 나누고 실천해 봅시다.

중보 기도 하나님 나라와 건강한 교회와 행복한 가정을 위해 기도합니다.
(나라와 민족, 담임목사와 교회, 선교사와 선교지, 속회원, 전도 대상 등 서로의 기도 제목을 나누고 함께 기도합니다.)

헌금/찬송 587장 감사하는 성도여

마침 기도 주님의 기도 (서로를 축복하며 삶의 자리로 나아갑니다.)

11.27

48과 어둠 속에서 부르는 빛의 노래

한 주간의 삶 나누기	
조용한 기도	
찬송	310장 아 하나님의 은혜로
기도	맡은 이
오늘의 말씀	누가복음 1장 26~38절
암송할 말씀	대저 하나님의 모든 말씀은 능하지 못하심이 없느니라 (37)

말씀 나누기

혼인을 앞둔 마리아의 삶에 예측하지 못한 깊은 혼란과 두려움이 찾아왔습니다. 어느 날 천사가 나타나 하나님의 아들을 잉태하게 될 것이라는 소식을 전했기 때문입니다. 그의 모든 계획과 기대는 알 수 없는 미래 앞에서 멈춰 서게 되었습니다. 그러나 마리아는 어둠 속에서도 빛의 노래를 불렀습니다.

마리아는 어둠 속에서 어떻게 빛의 노래를 부를 수 있었습니까?

첫째, 하나님의 은혜를 깨달았기 때문입니다(26~30절).

하나님께서 다윗의 자손 요셉과 약혼한 평범한 나사렛 처녀 마리아에게 가브리엘 천사를 보내셨습니다. 천사는 그가 하나님의 은혜를 받았다고 말하며, 하나님께서 지금 함께하고 계신다는 사실을 전해 주었습니다. 그 순간 마리아는 놀라고 두려워했지만, 천사는 그가 하나님의 특별한 은혜를 입은 존재라는 사실을 알려 주며 안심시켰습니다. 마리아는 비록 상황을 다 이해하지는 못했지만, 하나님께서 자신의 삶을 알고 계획하고 계신다는 깨달음이 그 마음에 빛을 비추었습니다.

자신이 처한 상황보다 중요한 것은 하나님이 우리를 은혜의 눈으로 바라보고 계신다는 사실을 깨닫는 것입니다. 은혜를 깨닫는 순간, 어둠 속에서도 빛의 노래를 부를 수 있습니다.

둘째, 말씀의 능력을 믿었기 때문입니다(31~37절).

천사는 마리아에게 놀라운 예언을 했습니다. 그가 아들을 낳게 될 것인데, 이름을 예수라고 하라고 했습니다. 그 아이는 하나님의 아들이며, 다윗의 왕위를 이어서 영원한 나라를 다스릴 것이라고 알려 주었습니다. 천사의 말을 들은 마리아는 이해가 되지 않아 어떻게 그런 일이 가능하냐고 물었습니다. 그러자 천사는 하나님의 능력이 그를 덮기 때문에 가능하다고 대답했습니다. 나이 많은 그의 친족 엘리사벳도 하나님의 능력으로 임신했듯, 하나님께는 불가능이 없다고 덧붙였습니다. 마리아는 말씀을 들으며 점점 확신을 얻어 어두움을 걷어내고 빛의 노래를 불렀습니다.

하나님 말씀의 능력을 믿으면 어떤 상황에서도 빛의 노래를 부를 수 있습니다.

셋째, 말씀에 순종했기 때문입니다(38절).

천사의 말을 다 들은 마리아는 자신은 주님의 종이며, 말씀대로 자신에게 이루어지기를 바란다고 고백했습니다. 그는 미래가 어떻게 펼쳐질지 아직 알지 못했습니다. 사람들이 자신을 어떻게 볼지, 요셉은 어떻게 반응할지, 두려움과 불안이 있었을 것입니다. 그러나 그는 말씀 앞에 자신을 내려놓고 순종했습니다.

순종이 빛의 노래가 됩니다. 하나님 말씀 앞에 자신의 모든 것을 맡기며 "말씀대로 이루어지이다."라고 고백할 때, 하나님은 그 순종을 통해 당신의 뜻을 이루십니다. 하나님께서 노아에게 방주를 만들라고 명령하셨을 때, 세상 사람들은 모두 비웃고 조롱했지만 노아는 하나님 말씀에 온전히 순종했습니다. 그 결과 그와 그의 가족은 구원받았습니다. 믿음은 순종으로 완성됩니다. 우리도 말씀을 주실 때 아멘으로 순종해야 합니다.

마리아는 평범한 사람이었습니다. 그는 하나님의 은혜를 깨닫고 말씀의 능력을 믿어 순종함으로 어둠 속에서도 빛의 노래를 부를 수 있었습니다. 하나님은 우리의 연약함 속에서도 일하시며, 우리에게 찬양과 기쁨으로 가득한 삶을 허락하십니다. 그러므로 삶의 어두운 현실에서도 말씀의 능력을 믿고 순종함으로 빛의 노래를 부르며 살아가야 합니다.

말씀 행하기

묵상 질문

1. 어둠 속에서 경험한 하나님의 은혜는 무엇입니까?
2. 하나님의 능력을 체험한 말씀은 무엇입니까?
3. 하나님께 온전히 순종했던 일에는 무엇이 있습니까?

삶에 적용하기

내 삶에 빛이 된 하나님의 말씀을 되새기고 나누어 봅시다.

중보 기도 하나님 나라와 건강한 교회와 행복한 가정을 위해 기도합니다.
(나라와 민족, 담임목사와 교회, 선교사와 선교지, 속회원, 전도 대상 등 서로의 기도 제목을 나누고 함께 기도합니다.)

헌금/찬송 542장 구주 예수 의지함이

마침 기도 주님의 기도 (서로를 축복하며 삶의 자리로 나아갑니다.)

12.4

49과 의로운 사람

한 주간의 삶 나누기

조용한 기도

찬송 98장 예수님 오소서

기도 맡은 이

오늘의 말씀 마태복음 1장 18~25절

암송할 말씀 보라 처녀가 잉태하여 아들을 낳을 것이요 그의 이름은 임마누엘이라 하리라 하셨으니 이를 번역한즉 하나님이 우리와 함께 계시다 함이라 (23)

말씀 나누기

요셉은 결혼하기 전 마리아의 잉태 사실을 알았습니다. 당시 율법으로는 약혼한 처녀의 부정은 죽음으로 다스리는 중죄였습니다. 그러나 의로운 사람 요셉은 이 사실을 드러내지 않고 가만히 끊고자 했습니다. 이런 요셉이 있었기에 예수님은 성령으로 잉태되어 동정녀 마리아를 통해 이 땅에 오실 수 있었습니다.

의로운 사람 요셉의 믿음은 어떤 믿음입니까?

첫째, 신중한 믿음입니다(18~23절).

요셉은 약혼녀 마리아에게 부끄러움을 주지 않으려고 조용히 파혼하려고 했습니다. 이때 하나님의 사자가 요셉의 꿈에 나타나서, 마리아의 잉태는 성령으로 된 일이니 두려워하지 말고 아내로 맞아 들이라고 했습니다.

그리고 아기의 이름을 '예수'라고 하라고 명하면서, 그가 자기 백성을 죄에서 구원할 것이라고 일러 주었습니다.

요셉은 마리아의 상황을 알았을 때 즉흥적으로 판단하지 않고 신중하게 생각했습니다. 사회적 통념을 따르기보다 마리아를 보호하려는 마음으로 결정했습니다. 그의 신중함은 감정에 치우치지 않고, 하나님의 뜻을 구하는 믿음의 태도를 보여 줍니다. 하나님의 뜻은 주의 말씀이 임할 때 이루어집니다. 우리도 중요한 결정을 할 때 하나님의 뜻을 구하는 신중함이 있어야 합니다.

둘째, 순종하는 믿음입니다(24절).

잠에서 깨어난 요셉은 하나님 말씀대로 마리아를 데려와 아내로 맞이했습니다. 성령으로 잉태된 것을 다 이해할 수는 없었으나, 그 말씀을 의심하지 않았습니다. 이해되지 않는 상황에서도 하나님의 말씀을 받아들였습니다.

순종은 하나님의 말씀이 임할 때 의심하지 않고 즉시 행동하는 것입니다. 노아는 비가 내리지 않는 상황에서도 하나님의 명령을 따라 방주를 만들었습니다. 아브라함은 독자 이삭을 번제로 드리라는 하나님 말씀에 지체 없이 순종했습니다. 그들의 순종은 하나님을 신뢰하는 믿음에서 비롯되었습니다. 믿음의 사람은 순종하기 어려운 상황에서도 순종할 수 있어야 합니다. 비록 이해되지 않더라도 하나님을 굳게 믿음으로 말씀대로 따라야 합니다.

셋째, 인내하는 믿음입니다(25절).

요셉은 마리아를 아내로 맞아 정식 부부가 되었지만, 아기 예수님을 낳기 전까지 동침하지 않았습니다. 그는 하나님 말씀을 신뢰하며 인내할 줄 알았습니다. 자신의 욕구를 절제하며 하나님의 때를 기다린 그의 믿음은 진정한 인내의 본을 보여 줍니다.

요셉이 인내한 기간은 단순한 기다림이 아니라, 하나님의 뜻이 이루어지기를 소망하며 준비하는 시간이었습니다. 아브라함은 하나님이 약속하신 이삭을 얻기까지 25년을 기다렸습니다(창 21:1~5). 이스라엘 백성은 광야에서 40년 동안 인내하며 하나님의 약속의 땅을 기다렸습니다(신 8:2~4). 인내의 믿음은 약속의 열매로, 약속의 땅으로 인도합니다. 우리도 약속의 성취를 위해 하나님 말씀을 믿고 인내하며 기다려야 합니다.

살다 보면 도무지 이해할 수 없는 상황에 맞닥뜨리기도 합니다. 그때 필요한 것은 의로운 사람 요셉의 믿음입니다. 그의 삶에서 우리는 신중하게 반응하고, 주저함 없이 순종하며, 하나님의 때를 인내하며 기다리는 믿음을 배우게 됩니다. 이렇게 살아갈 때 하나님의 뜻이 이루어지고, 하나님의 영광이 드러납니다.

말씀 행하기

묵상 질문

1. 화가 날 때 섣불리 반응하지 않으려면 어떻게 해야 합니까?
2. 하나님 말씀에 전적으로 순종한 일에는 무엇이 있습니까?
3. 인내하며 기도함으로 하나님께 어떤 응답을 받았습니까?

삶에 적용하기

성경에서 순종에 관한 말씀을 찾아서 적은 후 매일 읽고 실천해 봅시다.

중보 기도 하나님 나라와 건강한 교회와 행복한 가정을 위해 기도합니다.
(나라와 민족, 담임목사와 교회, 선교사와 선교지, 속회원, 전도 대상 등 서로의 기도 제목을 나누고 함께 기도합니다.)

헌금/찬송 104장 곧 오소서 임마누엘

마침 기도 주님의 기도 (서로를 축복하며 삶의 자리로 나아갑니다.)

12.11

50과 주의 구원을 보다

한 주간의 삶 나누기

조용한 기도

찬송 105장 오랫동안 기다리던

기도 맡은 이

오늘의 말씀 누가복음 2장 22~35절

암송할 말씀 내 눈이 주의 구원을 보았사오니 이는 만민 앞에 예비하신 것이요 (30~31)

말씀 나누기

마리아와 요셉은 출산 후 율법대로 산모의 정결예식과 맏아들을 하나님께 드리는 예식을 위해 성전에 올라갔습니다. 그리고 그곳에서 오랜 세월 주님의 약속을 기다린 경건한 사람 시므온을 만났습니다. 시므온은 아기 예수님을 보고는 하나님의 구원을 눈으로 보았다며 찬송했습니다.

주의 구원을 보려면 어떻게 해야 합니까?

첫째, 하나님의 약속을 믿고 기다려야 합니다(22~26절).

시므온은 의롭고 경건한 사람이었습니다. 하나님께서는 그런 시므온에게 놀라운 약속을 주셨습니다. 메시아를 보기 전에는 죽지 않을 것이라는 약속이었습니다. 시므온은 이 말씀을 믿음으로 받아들이고, 오랜 세월 흔들림 없이 인내하며 그 성취를 기다렸습니다. 그래서 마침내 아기 예수를 통해 하나님의 구원을 눈으로 직접 보는 영광을 누렸습니다.

하나님의 약속은 때때로 더딘 듯 보이지만, 결코 헛되지 않으며 반드시 성취됩니다. 중요한 것은 약속이 이루어질 때까지 믿음으로 기다리는 우리의 자세입니다. 시므온처럼 하나님의 약속을 굳게 붙들고 인내함으로써 하나님의 응답과 구원을 보는 믿음의 사람이 되어야 합니다.

둘째, 믿음의 눈이 열려야 합니다(27~32절).

성령의 감동과 인도하심을 따라 시므온이 성전으로 들어갔습니다. 마침 그때 마리아와 요셉이 율법의 규례대로 아기 예수님을 데리고 들어왔고, 시므온은 오랜 기다림 끝에 마침내 이 땅에 오신 메시아 아기 예수님을 품에 안았습니다. 그는 감격에 찬 목소리로 찬양하며, 예수님이 이방 사람들에게는 구원의 빛이요 이스라엘 백성에게는 영광이 될 분이라고 선포했습니다.

당시 많은 이들이 성전에 있었지만, 예수님을 알아본 사람은 믿음의 눈이 열린 시므온뿐이었습니다. 이처럼 성령의 감동과 인도하심을 따라 사는 사람만이 하나님이 행하시는 구원의 역사를 볼 수 있습니다. 우리도 눈에 보이는 현실에 머무르지 않고, 하나님의 나라와 그 의를 먼저 바라보는 믿음의 눈이 열리도록 날마다 성령의 도우심을 간구해야 합니다.

셋째, 기도로 깨어 있어야 합니다(33~35절).

시므온은 아기 예수님의 부모를 축복하면서, 예수님의 사명과 그로 인해 일어날 고난에 대해서도 예언했습니다. 예수님이 사람들의 마음속 생각들을 드러낼 것이며, 큰 고통을 겪게 될 것임을 일러 주었습니다.

깊은 영적 통찰은 기도로 깨어 있는 사람에게 주시는 은혜입니다. 기도는 단순히 우리가 원하는 바를 구하는 것이 아니라, 하나님의 마음을 알아가고 그 뜻에 민감해지는 영적 소통의 자리입니다. 기도로 늘 깨어 있을 때 하나님이 하시는 일을 분별할 수 있고, 그 뜻에 순종하는 삶을 살 수 있습니다. 기도는 하나님과 가까워지는 가장 중요한 통로이며, 일상에서 하나님의 뜻을 깨닫는 지름길입니다. 하나님의 뜻을 알고 주의 구원을 보기 위해 늘 기도로 깨어 있어야 합니다.

시므온은 하나님의 약속을 믿으며 인내로 기다리고, 성령의 인도하심을 따라 믿음의 눈으로 보며, 기도로 깨어 있었기에 주의 구원을 보았습니다. 우리도 약속의 말씀을 붙들고 성령을 의지하여 기도함으로, 삶에서 하나님의 구원이신 예수님을 만날 수 있습니다.

말씀 행하기

묵상 질문

1. 하나님의 약속을 믿고 인내하며 기다린 일은 무엇입니까?
2. 삶에서 믿음의 눈으로 본 것들은 무엇입니까?
3. 깨어 기도하는 삶을 살려면 어떻게 해야 합니까?

삶에 적용하기

시간을 정해 기도하면서, 하나님의 약속과 성령의 음성을 구체적으로 기록해 나누어 봅시다.

중보 기도 하나님 나라와 건강한 교회와 행복한 가정을 위해 기도합니다.
(나라와 민족, 담임목사와 교회, 선교사와 선교지, 속회원, 전도 대상 등 서로의 기도 제목을 나누고 함께 기도합니다.)

헌금/찬송 465장 주 믿는 나 남 위해

마침 기도 주님의 기도 (서로를 축복하며 삶의 자리로 나아갑니다.)

12.18

51과 광야에서 외치는 자의 소리

한 주간의 삶 나누기

조용한 기도

찬송 495장 익은 곡식 거둘 자가

기도 맡은 이

오늘의 말씀 요한복음 1장 19~28절

암송할 말씀 이르되 나는 선지자 이사야의 말과 같이 주의 길을 곧게 하라고 광야에서 외치는 자의 소리로라 하니라 (23)

말씀 나누기

하나님은 우리를 구원하시려고 예수님을 이 땅에 보내 주셨습니다. 그보다 먼저 세례 요한을 보내 예수님의 사역을 미리 준비하게 하셨습니다. 요한은 자신의 본분, 곧 자신이 예수님의 구원 사역을 위한 마중물임을 분명히 알아 자신을 드러내거나 내세우지 않고 오직 주님 오시는 길을 예비했습니다.

주님 오시는 길을 예비하려면 어떻게 해야 합니까?

첫째, 내가 작은 존재임을 인정해야 합니다(19~23절).

요단강에서 하나님의 말씀을 전하며 세례를 베푸는 요한에게 많은 사람이 몰려들었습니다. 유대인들은 예루살렘에서 제사장들과 레위 지파 사람들을 보내 요한이 어떤 사람인지 알아보게 했습니다. 요한은 자기 정체를 묻는 사람들에게 자신은 그리스도가 아니라고 대답했습니다. 또 엘리야나 그들이 기다리는 선지자 같은 위대한 사람이 아니라, 주의 길을 예비하기 위해 외치는 자의 소리일 뿐이라고 말했습니다.

요한이 자신을 소리에 비유한 이유는 공중에 흩어져 사라지는 소리처럼, 메시아로 이 땅에 오신 예수님만 높이고 자신을 드러내지 않아야 함을 스스로 알았기 때문입니다. 주의 길을 예비하는 사람은 자신이 작은 존재임을 인정하며 겸손히 살아가야 합니다.

둘째, 그리스도를 드러내야 합니다(24~27절).

사람들이 요한에게 그리스도도 아니고 엘리야나 선지자도 아니라면 왜 세례를 주냐고 물었습니다. 요한은 자신은 다만 물로 세례를 주지만, 그들이 알지 못하는 한 분이 서 계시는데, 자신은 그분의 신발 끈을 풀 자격도 없다고 대답했습니다.

요한에게 무슨 자격으로 세례를 주느냐고 질문한 이들은 바리새인들이 보낸 사람들이었습니다. 바리새인들은 하나님 말씀에 담긴 뜻보다 종교적 형식을 중요시했습니다(마 23:23). 요한은 그들에게 말씀으로 이 땅에 오신 그리스도를 전하며 드러냈습니다. 이처럼 그리스도인은 그리스도를 드러내는 사람입니다. 형식이 아니라 예수 그리스도를 세상에 보여 주며 살아가야 합니다.

셋째, 사명의 자리를 지켜야 합니다(28절).

요한과 유대인들이 보낸 사람들과의 대화는 요한이 세례를 주던 요단강 건너편 베다니에서 일어난 일입니다. 예루살렘에서 찾아온 이들은 당시 이스라엘 백성의 지도자였습니다. 요한은 그들을 피하거나 그들에게 자신과 자신이 행하는 일에 대해 변명하지 않았습니다. 오해를 풀고 지위 높은 사람들과 친분을 쌓기 위해 노력하기보다 자신에게 맡겨진 사명의 자리를 묵묵히 지켰습니다.

신실한 종은 자신에게 주어진 사명의 자리를 지키는 사람입니다. 사람들의 평가에 연연하지 않고, 끝까지 내게 맡겨 주신 사명의 자리를 지켜내는 사람입니다.

주님 오시는 길을 예비하는 자로 살아가려면 맡겨진 사명으로 교만해지지 않고, 자신이 작은 존재임을 인정해야 합니다. 나 같은 작은 존재를 통해서도 큰 구원의 역사를 이루시는 예수 그리스도를 세상에 전하는 데 집중해야 합니다. 하나님은 오늘도 믿음으로 사명의 자리를 지켜 살아가는 성도를 찾으십니다.

말씀 행하기

묵상 질문

1. 내가 작은 존재임을 인정하게 될 때는 언제입니까?
2. 예수님을 세상에 알리기 위해 어떤 일을 하고 있습니까?
3. 내게 맡겨진 사명의 자리는 어디입니까?

삶에 적용하기

복음을 더욱 선명히 드러내기 위해 지켜야 하는 나의 사명의 자리는 어디인지 생각하고 나누어 봅시다.

중보 기도 하나님 나라와 건강한 교회와 행복한 가정을 위해 기도합니다.
(나라와 민족, 담임목사와 교회, 선교사와 선교지, 속회원, 전도 대상 등 서로의 기도 제목을 나누고 함께 기도합니다.)

헌금/찬송 500장 물 위에 생명줄 던지어라

마침 기도 주님의 기도 (서로를 축복하며 삶의 자리로 나아갑니다.)

12.25

52과 주 여호와는 나의 힘이시라

한 주간의 삶 나누기

조용한 기도

찬송 304장 그 크신 하나님의 사랑

기도 맡은 이

오늘의 말씀 하박국 3장 16~19절

암송할 말씀 주 여호와는 나의 힘이시라 나의 발을 사슴과 같게 하사 나를 나의 높은 곳으로 다니게 하시리로다 이 노래는 지휘하는 사람을 위하여 내 수금에 맞춘 것이니라 (19)

말씀 나누기

삶에서 어려운 일을 마주하면 믿음이 흔들리곤 합니다. 그러나 그 순간에 하나님을 더욱 믿고 의지하면, 하나님께서 주시는 능력으로 극복하고 승리할 수 있습니다. 하박국은 어려운 상황에서 하나님을 믿고 의지함으로 힘과 기쁨을 얻고 승리하는 모범을 보여 줍니다.

진정한 믿음의 사람은 어떻게 살아갑니까?

첫째, 하나님을 믿고 의지합니다(16~17절).

하박국은 두려움과 고통의 순간에 자신의 연약함을 솔직히 드러냈습니다. 마음 깊은 곳에서부터 떨림이 일어나고, 입술이 떨리고, 뼛속까지 고통이 스며들어 몸 전체가 흔들리는 경험을 했습니다. 이는 그가 겪고 있는 고난이 얼마나 극심한지를 보여 줍니다. 그러나 그는 당시에 생계를 위해 반드시 필요하다고 여긴 것들, 즉 무화과나무 포도나무 감람나무의 열매, 밭의 곡식, 양과 소들이 모두 사라질지라도 하나님을 신뢰하고 의지하겠다고 고백했습니다. 눈에 보이는 모든 공급이 끊어져도, 보이지 않는 하나님의 손길을 믿고 의지하겠다고 노래했습니다.

믿음의 사람은 하박국처럼, 어떠한 부족함 속에서도 하나님의 신실하심을 믿고 의지하는 사람입니다.

둘째, 하나님으로 인해 기뻐하고 즐거워합니다(18절).

하박국은 외적인 모든 조건이 무너진 상황에서도 여호와 하나님으로 인해 기뻐하고 즐거워하겠다고 고백했습니다. 그의 기쁨은 물질적인 것에 근거한 것이 아니라, 하나님이 자신의 구원이시라는 사실에서 오는 기쁨입니니다. 단순히 세상의 물질적 조건이나 상황에 좌우되지 않는 기쁨입니다. 그는 하나님의 구원 약속과 신실하심을 붙들며 기뻐했습니다.

하박국이 말하는 기쁨은 바로 하나님과의 관계에서 오는 기쁨입니다. 다윗은 하나님의 구원으로 인한 기쁨을 자기 삶에 다시 회복시켜 달라고, 그리고 그 기쁨이 자신을 지탱하게 해달라고 기도했습니다(시 51:12). 우리도 하나님의 은혜와 구원의 확신 안에서 참된 기쁨을 누려야 합니다. 이는 세상이 주는 일시적인 만족과는 다른 영원한 기쁨입니다.

셋째, 어려운 상황을 극복하고 승리합니다(19절).

하박국은 하나님이 자신의 힘이 되신다고 노래했습니다. 하나님이 자신에게 마치 산을 뛰어다니는 사슴처럼 민첩함과 강한 발걸음을 주셔서 험한 상황에서도 흔들리지 않고 높은 곳까지 나아가게 하신다고 고백했습니다. 이는 단순한 희망이 아니라, 고난 중에도 하나님이 주시는 능력으로 삶을 넉넉히 이겨낼 수 있다는 확신입니다.

믿음의 사람은 자기 힘이 아니라, 하나님께서 공급해 주시는 능력으로 시련을 넘어섭니다. 바울도 자신을 사랑하시는 하나님 덕분에 모든 것을 넉넉히 이길 수 있다고 고백하며(롬 8:37), 하나님의 사랑이 고난을 이길 힘의 원천임을 강조했습니다. 어렵고 힘든 상황일지라도 하나님을 의지하고 믿음으로 나아가면, 하나님의 은혜로 결국 승리하게 됩니다.

'주 여호와는 나의 힘'이라는 하박국 선지자의 고백은 믿음의 사람으로 살아가는 모범을 보여 줍니다. 현실이 아무리 어렵고 부족해도 하나님을 믿고 의지하면, 모든 상황을 하나님께서 주시는 힘으로 극복하고 승리하는 기쁨을 누릴 수 있습니다.

말씀 행하기

묵상 질문

1. 어려울 때 하나님을 의지했던 일에는 무엇이 있습니까?
2. 하나님을 신뢰함으로 어떤 기쁨을 얻었습니까?
3. 한 해 동안 하나님의 능력으로 승리한 일에는 무엇이 있습니까?

삶에 적용하기

한 해 동안 받은 은혜 중 가장 기억에 남는 것을 서로 나누어 봅시다.

중보 기도 하나님 나라와 건강한 교회와 행복한 가정을 위해 기도합니다.
(나라와 민족, 담임목사와 교회, 선교사와 선교지, 속회원, 전도 대상 등 서로의 기도 제목을 나누고 함께 기도합니다.)

헌금/찬송 301장 지금까지 지내온 것

마침 기도 주님의 기도 (서로를 축복하며 삶의 자리로 나아갑니다.)

2026 속회공과
믿음의 사람들

펴 낸 날 2025년 11월 10일
펴 낸 이 김정석
엮 은 곳 기독교대한감리회 교육국
김두범
기 획 홍석민
집필위원 권귀선 김석기 권혁중 송민호
엄택순 윤동규 정영구 정택화
감 수 김재근 임동규
펴 낸 곳 기독교대한감리회 도서출판kmc
김정수
서울특별시 종로구 세종대로 149 감리회관
대표전화 02-399-2008 팩스 02-399-2085
http://kmcpress.co.kr
등 록 제2-1607호(1993. 9. 4.)
디 자 인 디자인 화소
인 쇄 천광인쇄사

ISBN 978-89-8430-958-6 03230